Œdipe Roi

Tragédie

Sophocle

TEXTE INTÉGRAL

Traduction inédite de Marie-Rose ROUGIER.

Notes explicatives, questionnaires, bilans, documents et parcours thématique

établis par

Sylvie HERBINET,
professeur agrégée de Lettres classiques,

et Marie-Rose ROUGIER,
professeur agrégée de Lettres classiques.

Les Classiques
HACHETTE

Dossier pédagogique téléchargeable gratuitement sur :
www.biblio-hachette.com

Crédits photographiques :
pp. 4, 8 (Sophocle) : photographie Anderson-Giraudon.
pp. 9, 28, 70, 92, 107, 128, 129 : photographies Hachette.
p. 20 : photographie Roger-Viollet.
p. 24 : photographie Rapho-Riwkin.
pp. 56 (*Œdipe Roi*, adaptation de Thierry Maulnier, Comédie-Française, 1952), 60 (cliché Hachette), 76 (*Œdipe Roi*, adaptation de Thierry Maulnier, Comédie-Française, 1952), 90, 102 (*Œdipe Roi*, adaptation de Thierry Maulnier, Comédie-Française, 1952), 108 (Paul Monnet dans le rôle de Tirésias, adaptation de Jules Lacroix, 1901), 112 (*Œdipe Roi*, adaptation de Thierry Maulnier, Comédie-Française, 1952), 116 : photographies Comédie-Française.
p. 73 : photographie Bulloz.
pp. 141 (C. Plummer dans le rôle d'Œdipe, adaptation cinématographique de 1967), 191 : photographies Kobal collection.
p. 147 : photographie M. Sarti/Enguerand.
pp. 157 (pièce interprêtée, entre autres, par M. Etcheverry, F. Beaulieu, D. Gence), 163 (*Œdipe Roi*, Compagnie de la Salamandre, mise en scène d'Alain Millianti, Lille, 1985. Christian Blanc dans le rôle d'Œdipe), 177, 188 : photographies Bernand.
p. 173 : photographie. M. Rubinel/Enguerand.
p. 185 : cartographie Hachette *Classiques*.

ISBN : 978-2-01-394954-5

www.hachette-education.com

SOMMAIRE

Sophocle et *Œdipe Roi* 4
Œdipe Roi d'hier à aujourd'hui 6

Œdipe Roi (texte intégral; traduction inédite)

Prologue 11
Parodos 21
Premier épisode 29
Premier stasimon 43
Deuxième épisode 47
Kommos 57
Fin du deuxième épisode 61
Deuxième stasimon 71
Troisième épisode 77
Troisième stasimon 91
Quatrième épisode 95
Quatrième stasimon 103
Exodos 109
Kommos 113
Fin de l'exodos 117

SOPHOCLE ET SON TEMPS

Chronologie 130
Tableau généalogique 132
Écrire et jouer au temps de Sophocle 133

À PROPOS DE L'ŒUVRE

Les sources littéraires 142
Schéma narratif 148
Critiques et jugements 152

PARCOURS THÉMATIQUE

Vivre au temps de Sophocle 158
L'ambiguïté 164
Œdipe 167
Œdipe et les sciences humaines 174
Index thématique 178

ANNEXES

Carte de la Grèce 185
Glossaire des noms propres 186
Lexique littéraire 189
Bibliographie 191
Œuvres inspirées d'*Œdipe Roi* 192

Sophocle (496-406), musée de Latran, Rome.

Vers 421 av. J.-C., une foule nombreuse, venue des quatre coins de la Grèce, s'installe sur les gradins du théâtre de Dionysos étagés au flanc de l'Acropole. Oubliant pour quelques jours les aléas de la guerre du Péloponnèse, qui déchire les cités grecques depuis bientôt dix ans, elle découvre, dans l'atmosphère printanière des Grandes Dionysies, les dernières créations de Sophocle. Il s'agit d'une trilogie, dont Œdipe Roi est la pièce majeure, la seule aussi qui nous soit parvenue. Maître de son art, à plus de soixante-dix ans, Sophocle renouvelle avec brio un thème légendaire, venu du fond des âges, et dont il fixe, pour la postérité, la forme définitive. Avec des motifs devenus célèbres : l'enfant exposé, l'oracle menaçant, le parricide, la victoire sur la Sphinge, le mariage avec la mère et l'automutilation, la violence culmine sur la scène tragique. Rarement l'interrogation sur la destinée humaine a été poussée aussi loin. Le renversement spectaculaire d'un héros hissé au faîte des honneurs et acculé aux pires horreurs confronte l'homme à son propre néant. Mais c'est peut-être trop effrayant pour le public, qui n'accorde à Sophocle que la deuxième place au concours. Ce demi-succès d'Œdipe Roi n'entame cependant pas la gloire de son créateur. Depuis plus de quarante ans, il est applaudi au théâtre, dont il a fait toute sa vie, et il l'emporte largement sur Euripide, son rival malheureux. La fortune de son père lui assure des revenus confortables. La notoriété de cet homme pieux, fervent patriote, est telle que la cité lui a confié des charges électives.
Et bientôt Œdipe Roi trouvera la consécration que cette pièce mérite, quand Aristote, au siècle suivant, la définira comme le chef-d'œuvre du genre tragique.

ŒDIPE ROI DANS L'ÉVOLUTION DE LA TRAGÉDIE

DATES	AUTEURS	ŒUVRES
535 av. J.-C.	Thespis remporte le prix au premier concours des Grandes Dionysies instaurées par Pisistrate à Athènes. Dans sa forme originelle (un seul acteur mimant la passion d'un héros et dialoguant avec les choreutes), la tragédie reste proche des chœurs entonnés en l'honneur de Dionysos.	
525-426	Eschyle est le véritable créateur de la tragédie. Il enrichit le jeu dramatique par l'introduction d'un second acteur, pouvant incarner plusieurs rôles. Mais l'action dramatique reste intimement liée au lyrisme choral : la tragédie se présente comme un duo entre les personnages et le chœur. Elle a une visée morale : les épreuves imposées aux héros par les dieux, les affrontements entre personnages et les débats d'idées montrent aux hommes de quel côté se situe la justice.	• *Les Perses* (472) • *Les Sept contre Thèbes* (467) • *L'Orestie* (458)
496-406	Sophocle introduit un troisième acteur, porte à quinze le nombre des choreutes et enrichit la scénographie. L'action l'emporte sur la méditation lyrique. Les chœurs deviennent des poèmes autonomes. L'homme est au centre du débat tragique. Il apparaît magnifié dans ses luttes, ses souffrances et même ses erreurs face aux dieux, inaccessibles mais restés maîtres de la destinée humaine.	• *Antigone* (441) • *Œdipe Roi* (421) • *Philoctète* (409) • *Œdipe à Colone* (401 - posthume)
480-406	Avec Euripide, le rival de Sophocle, la tragédie s'humanise. Les héros descendent de leur piédestal : ils incarnent les valeurs, les passions de l'homme ordinaire. Marquée par le rationalisme, une distance critique face aux dieux et la prédominance de la psychologie, la tragédie débouche sur une vision pessimiste de l'existence. Innocence persécutée, cruauté, passions aveugles l'orientent vers le pathétique.	• *Alceste* (438) • *Médée* (431) • *Électre* (413) • *Les Bacchantes* (403 - posthume)

Le chef-d'œuvre de Sophocle n'a jamais pu être égalé. Pourtant bien des écrivains, pleins d'admiration pour cette pièce, ont longtemps cru pouvoir la récrire, mais aucune œuvre n'a pu atteindre la même force tragique et la même virtuosité technique. Elle appartient à ces légendes venues du fond des temps qui trouvent leur origine au fond de notre être et exercent encore sur nous leur fascination.

La diversité des interprétations montre bien la richesse de ce texte dramatique. Le mythe s'est enrichi de lectures psychanalytique et anthropologique. S'il s'enracine dans Œdipe Roi, le mythe a débordé la pièce de Sophocle et a inspiré beaucoup d'autres artistes : romanciers, musiciens et peintres. Et tout le monde connaît le complexe d'Œdipe.

Ce personnage énigmatique dont le nom est la réponse à l'énigme de la Sphinge, et dont le destin bascule, conserve pour nous tout son mystère : nous ne parvenons ni à établir sa culpabilité, ni à l'innocenter complètement. Comble de l'ironie : il est le seul à ne pas connaître la vérité. Enquêteur, il ne sait pas qu'il est lui-même le coupable. Tous les ingrédients d'un parfait roman policier sont réunis.

Le jeu de l'ironie cependant nous permet de prendre une distance vis à vis du personnage et nous délivre d'une émotion trop pesante.

Enfin cet homme debout, figure prométhéenne, est un bel exemple d'humanité : en se frappant lui-même, il atteint à la grandeur de celui qui porte le fardeau de ses maux et assume son malheureux destin.

Sophocle, gravure de Duhamel d'après un dessin de Jean-Démosthème Dugoure.

PERSONNAGES

ŒDIPE : roi de Thèbes.

LE PRÊTRE : vieillard, prêtre de Zeus.

CRÉON : frère de Jocaste.

TIRÉSIAS : devin aveugle.

JOCASTE : reine de Thèbes, épouse de Laïos puis d'Œdipe.

LE MESSAGER CORINTHIEN : berger du roi de Corinthe.

LE SERVITEUR : berger de Laïos.

LE MESSAGER DU PALAIS : serviteur attaché à la maison royale.

LE CHŒUR• : quinze vieillards thébains.
Gardes, domestiques.

La scène est à Thèbes, devant la façade du palais royal.
Un groupe de suppliants portant des rameaux
de lauriers est assemblé autour d'un autel.
Œdipe vient à sa rencontre.

Le texte de Sophocle est de la poésie grecque : faute de pouvoir en proposer une traduction en vers, nous avons adopté une présentation qui s'efforce d'en respecter le mouvement et d'en rappeler le caractère poétique.
Les mots signalés (•) dans le texte sont définis dans le glossaire des noms propres, p. 186, et dans le lexique littéraire, p. 189.

PROLOGUE•

ŒDIPE.

Chers enfants[1], jeune sang de l'ancêtre Cadmos,
que faites-vous là, assis à mes genoux,
vivantes couronnes de rameaux suppliants[2] ?
La ville est pleine des vapeurs d'encens
auxquelles se mêlent les péans[3] et les lamentations.
Je n'ai pas voulu, mes enfants, entendre votre requête
d'une bouche étrangère, me voici donc devant vous,
moi, Œdipe, dont le nom glorieux est sur toutes les [lèvres.
Allons, vieillard, parle ! Il te revient de prendre la parole
en leur nom. Dans quel sentiment vous trouvez-vous ici ?
Est-ce la crainte qui vous anime ? ou bien une tendre [affection
à l'idée que je suis prêt à vous apporter toute mon aide ? [Car mon cœur serait sans pitié
s'il ne se serrait pas à vous voir ainsi, assis à mes [genoux.

LE PRÊTRE.

Œdipe, souverain de mon pays,
tu nous vois, jeunes et vieux, assis
près de tes autels ; certains n'ont pas encore la force
de prendre leur essor, d'autres sont alourdis par l'âge :
ce sont des prêtres, tel je suis moi, serviteur de Zeus. [Quant à ceux-là,
ils forment un choix de jeunes gens. Ceint de [couronnes, le reste de la foule

---

1. *enfants* : il y a bien parmi les suppliants un groupe d'enfants, mais l'expression a aussi une valeur métaphorique (les Thébains sont la génération nouvelle de Cadmos).
2. *rameaux suppliants* : branches de laurier (garnies de bandelettes de laine) que les Thébains tiennent dans leurs mains pour conférer plus de sainteté à leur délégation ; elles enveloppent la partie supérieure de leur corps et forment comme des couronnes.
3. *péans* : chants à plusieurs voix, entonnés dans les occasions solennelles. Ils étaient à l'origine, comme ici, adressés à Apollon pour qu'il détourne de la cité un grave fléau.

s'est installé sur les places de la ville, devant le double
[sanctuaire
de Pallas, ou bien près de la cendre prophétique
[d'Isménos[1].
Car la ville, tu le vois toi-même, sombre
dans la tourmente, incapable qu'elle est désormais
de tenir la tête hors du gouffre, hors du flot meurtrier.
Elle se meurt, détruite dans les semences de son sol,
elle se meurt dans ses troupeaux de bœufs qu'on mène
[paître, dans les accouchements
stériles de ses femmes. Sur la ville, la divinité au souffle
[de feu
s'est abattue, elle sévit, la peste maudite ;
à cause d'elle la demeure cadméenne se vide, tandis que
[le noir
Hadès s'y repaît de cris et de larmes.
Aux dieux, nous ne saurions t'égaler, ni moi
ni ces enfants, assis près de tes foyers,
du moins te considérons-nous comme le premier des
[hommes
dans la maîtrise des événements humains et les rapports
[avec les dieux[2].
Car toi, à peine entré dans la cité cadméenne, tu nous as
[affranchis
du tribut que nous devions à l'intraitable chanteuse[3].
Tu l'as fait, sans avoir reçu de notre part la moindre
[information,
le moindre enseignement, mais c'est aidé d'un dieu,
on le dit, on le pense, que tu as redressé notre vie.
Et maintenant, cher Œdipe, homme le plus puissant à
[tous les yeux,
nous nous tournons vers toi, tous ici nous te supplions
de nous trouver un remède, qu'un dieu

1. *cendre prophétique d'Isménos* : cendre des offrandes brûlées sur cet autel dédié à Isménos, fils d'Apollon, servant à la divination.
2. *et les rapports avec les dieux* : ayant su triompher de la Sphinge, Œdipe entretient, aux yeux des Thébains, un commerce privilégié avec les dieux.
3. *l'intraitable chanteuse* : la Sphinge, dont les énigmes étaient versifiées.

t'en ait révélé le secret ou qu'un simple mortel t'en ait
[instruit.
Car les hommes expérimentés, je le vois bien souvent,
triomphent par leurs sages avis des situations les plus
[désespérées.
Va, le meilleur des hommes, redresse notre ville ;
va, mais sois vigilant : cette terre aujourd'hui
t'appelle son sauveur, elle te sait gré de ton dévouement
[passé,
prends garde que ton règne ne nous laisse en mémoire
l'amertume de n'avoir été sauvés que pour mieux
[tomber !
D'une main ferme, redresse notre ville !
Autrefois, sous un bon augure, tu nous as porté
chance, qu'il en soit de même aujourd'hui encore !
Cette terre, si tu veux continuer à y régner en maître,
tu dois, pour la gouverner, la souhaiter peuplée et non
[vidée de ses habitants.
Aussi bien rempart et navire ne sont-ils plus rien,
quand les ont désertés les hommes qui s'y étaient
[rassemblés.

ŒDIPE.

Mes enfants, j'ai pitié. Le désir qui vous a conduits ici,
je ne l'ignore pas, je le connais. Je sais
combien tous vous souffrez. L'intensité de votre souf-
[france
ne saurait cependant atteindre la mienne.
Votre douleur ne vous touche qu'individuellement,
chacun souffre pour soi et pour personne d'autre ; mon
[âme, elle,
s'afflige sur la ville, sur toi et sur moi tout à la fois.
Non, je ne dormais pas, vous ne me réveillez pas.
J'ai versé, sachez-le, bien des larmes,
sur bien des chemins ma pensée inquiète s'est aven-
[turée.
À examiner les choses, je n'ai trouvé qu'un seul remède
que j'ai mis en pratique : le fils de Ménécée,
Créon, mon beau-frère, je l'ai envoyé à Pytho,
là où demeure Phoibos. Il doit s'informer
de ce qu'il me faut faire ou dire pour sauver la ville.

Mais je suis inquiet : au jour où nous sommes
beaucoup de temps s'est écoulé depuis son départ, que
[lui arrive-t-il ?
Son absence excède le délai normal, les limites conve-
[nables.
Mais quand il sera de retour, vraiment je serais un
[homme haïssable,
si je n'accomplissais pas tout ce qu'aura indiqué le dieu.

LE PRÊTRE.
Tu ne saurais mieux parler : justement
on me fait signe que Créon approche.

ŒDIPE.
Puisse, seigneur Apollon, la chance du salut
guider ses pas, aussi vrai que je la vois briller dans son
[regard !

LE PRÊTRE.
Il semble porteur d'une heureuse nouvelle. Autrement, il
[n'irait pas ainsi,
la tête couronnée d'un rameau si luxuriant[1].

ŒDIPE.
Nous allons bientôt le savoir. Il est assez près pour
[entendre.
(Créon entre par la gauche.)
Prince, mon parent par alliance, fils de Ménécée,
qu'a révélé le dieu ? Quelle réponse nous apportes-tu ?

CRÉON.
Une réponse encourageante. Les situations les plus
[critiques, selon moi,
trouvent une heureuse issue quand on les redresse.

1. *un rameau si luxuriant* : revenant de consulter l'oracle de Delphes, Créon porte la couronne rituelle, faite d'un rameau d'olivier chargé de baies.

ŒDIPE.
Quelle est donc la parole du dieu ? Après ce que tu viens [de dire,
je ne me sens ni pleinement rassuré ni vraiment inquiet.

CRÉON.
Si tu désires m'écouter en présence de tous ces gens,
je suis prêt à parler. Sinon, je vais m'avancer à l'inté-[rieur.

ŒDIPE.
Parle devant tous. Leur deuil attriste mon cœur
plus que le souci de ma propre personne.

CRÉON.
Je vais vous dire ce qu'a révélé le dieu.
Il nous ordonne avec éclat, Phoibos le tout-puissant,
de chasser de notre pays la souillure[1] que nous avons [laissé croître
sur notre sol : il faut arrêter sa croissance avant qu'elle [ne devienne incurable.

ŒDIPE.
Comment nous en purifier ? Quelle est la nature du mal ?

CRÉON.
Il nous faut bannir un homme, ou bien acquitter le [meurtre
par un autre meurtre, puisque c'est ce sang versé qui [sème la tourmente sur notre ville.

ŒDIPE.
Quel est cet homme dont le dieu dévoile la funeste [destinée ?

CRÉON.
Laïos. Il fut autrefois, prince, le chef
de notre pays, avant que tu ne prennes en main les [rênes de notre ville.

---

1. *souillure* : le terme grec (*míasma*) désigne une souillure provenant d'un meurtre non expié et pouvant s'étendre à l'ensemble de la communauté.

ŒDIPE.
Je l'ai entendu dire. Jamais, moi, je ne l'ai vu de mes yeux.

CRÉON.
Il est mort, et maintenant le dieu nous signifie clairement
d'attraper ses meurtriers pour les punir, quels qu'ils soient.

ŒDIPE.
Où sont-ils ? En quel pays ? Où retrouver
la trace mal établie d'un crime si ancien ?

CRÉON.
Dans ce pays même, a-t-il dit. Ce qu'on cherche,
on le trouve ; échappe ce qu'on néglige.

ŒDIPE.
Est-ce dans son palais, est-ce à la campagne
ou en terre étrangère que Laïos a trébuché contre ce meurtre ?

CRÉON.
Il était parti hors de nos frontières consulter l'oracle[1], disait-il.
Jamais il n'est revenu chez lui après son départ.

ŒDIPE.
N'y avait-il avec lui aucun messager, aucun compagnon de route
dont on pût mettre à profit le témoignage ?

CRÉON.
Ils sont morts, un seul excepté. Celui-ci, pris de peur, s'est enfui ;

1. *consulter l'oracle* : faisant de cette consultation une affaire privée, Sophocle n'en donne pas la raison. Dans *Les Phéniciennes,* Euripide précise que Laïos, pris de remords, voulait savoir si l'enfant exposé était encore en vie.

de ce qu'il avait vu, il n'a pu dire qu'une chose.

ŒDIPE.
Laquelle ? Un seul indice en amènerait bien d'autres,
si nous avions au moins la plus faible lueur d'espoir.

CRÉON.
Il disait que Laïos était tombé sur des brigands,
qu'il était mort, vaincu non par une force isolée mais par
[une multitude de bras.

ŒDIPE.
Comment un brigand, à moins d'avoir été payé ici
[même[1]
pour agir, aurait-il pu tenter un coup si audacieux ?

CRÉON.
On le pensa. Mais, Laïos une fois disparu,
il n'y eut, dans notre malheur, personne pour le
[défendre.

ŒDIPE.
Quel malheur vous empêchait donc d'éclaircir l'affaire,
quand le pouvoir royal était tombé dans de telles condi-
[tions ?

CRÉON.
La Sphinge avec ses chants obscurs nous obligeait
à négliger une affaire hors de notre portée et à examiner
[l'obstacle placé à nos pieds.

ŒDIPE.
Je vais, moi, reprendre les choses à leur commence-
[ment, je ferai la lumière.
Elle honore Phoibos, elle t'honore toi aussi
cette sollicitude à l'égard du mort.

1. *d'avoir été payé ici même* : envisageant un mobile d'ordre politique, Œdipe pense à un complot thébain mettant en cause des personnes haut placées.

Dans un même souci de justice, vous verrez en moi un allié,
prêt à venger ensemble cette terre et le dieu.
Ce n'est pas pour des amis éloignés de mon cœur,
c'est dans mon propre intérêt que j'éliminerai cette souillure.
Car celui qui a commis le meurtre pourrait bien
envisager de me punir moi aussi, en répétant son coup.
Quand je vole au secours de Laïos, je sers ma propre cause.
Vite, mes enfants, levez-vous de ces marches,
emportez ces rameaux suppliants ;
laissez un autre assembler ici le peuple de Cadmos,
car moi je me charge de tout. Avec le dieu à nos côtés,
soit nous triompherons, soit nous serons précipités à terre.

LE PRÊTRE.

Enfants, levons-nous ! Les faveurs
que nous étions venus ici implorer, le roi les a promises.
Puisse ce même Phoibos qui a envoyé ces oracles
venir en sauveur, en guérisseur de la maladie !

Questions

Compréhension

1. *Œdipe et la fonction royale : comment est-il considéré par son peuple ? Comment considère-t-il sa fonction ?*

2. *Comment justifiez-vous l'intervention du prêtre ? Quels sont les arguments de son discours ?*

3. *Quels traits du caractère d'Œdipe apparaissent ici ?*

4. *Par quels moyens Sophocle nous intéresse-t-il à Œdipe et rend-il le personnage pathétique dès le prologue ?*

5. *Il semble invraisemblable que le meurtrier n'ait pas été recherché plus tôt. Par quels moyens Sophocle parvient-il à atténuer cette invraisemblance ?*

6. *Pourquoi Œdipe souhaite-t-il que Créon parle publiquement ? Créon, lui, préférerait traiter l'affaire de façon privée : à votre avis, pour quelles raisons ? Formulez vos hypothèses.*

7. *Qu'est-ce qui a pu pousser le témoin à faire un faux témoignage ?*

8. *Quelle est cette souillure dont parle Créon ?*

9. *Quel est le rôle d'Apollon ?*

Écriture

10. *De quelle manière la peste, dont souffre la ville, est-elle évoquée ? La description est-elle efficace ?*

11. *Relevez les phrases à double entente prononcées par Œdipe à la fin du prologue. Expliquez-en l'ironie tragique.*

12. *Que traduit la brièveté des répliques du dialogue entre Œdipe et Créon ?*

13. *Relevez toutes les occurences de la lumière et de l'aveuglement, ainsi que les images de la souillure et de la maladie. Quel est le pouvoir de ces images ?*

Mise en scène

14. *Le prologue offre un grand spectacle. Imaginez-en le décor, les personnages et les figurants.*

15. *Retrouvez dans le texte des indications scéniques sur l'attitude des personnages.*

Gravure d'une assiette romaine qui représente Œdipe écoutant l'énigme du Sphinx.

PARODOS•

STROPHE 1

Quelle es-tu, douce parole de Zeus[1],
venue de Pythô
riche d'or[2] vers la brillante
Thèbes ? Mon âme inquiète se tend,
d'effroi elle frissonne,
ô dieu de Délos[3], ô dieu guérisseur vers qui montent nos
[invocations !
Devant toi je frémis d'épouvante : de quelle dette, nou-
[vellement
ou anciennement contractée,
vas-tu exiger l'acquittement ?
Dis-le moi, fille de l'Espérance précieuse comme l'or,
parole immortelle !

ANTISTROPHE 1

La première je t'appelle, fille de Zeus,
immortelle Athéna,
et avec toi la protectrice de notre pays, ta sœur
Artémis qui, sur le trône arrondi de la place[4],
siège en toute gloire.
Et Phoibos, l'Archer qui lance au loin ses flèches[5], lui
[aussi je l'invoque, ah ! malheur !

---

1. *douce parole de Zeus* : le chœur• s'interroge sur le sens de la parole prophétique, émanant de Zeus et transmise par le sanctuaire d'Apollon.
2. *riche d'or* : épithète homérique.
3. *dieu de Délos* : Apollon, né sur l'île de Délos, est invoqué ici comme dieu de la médecine, le plus apte à débarrasser les Thébains de la peste.
4. *sur le trône arrondi de la place* : Artémis était honorée à Thèbes, sous le nom d'Artémis Glorieuse, dans un petit temple de forme arrondie. À proximité se trouvaient les statues d'Apollon et d'Athéna.
5. *l'Archer qui lance au loin ses flèches* : dans son aspect primitif, Apollon était honoré comme un dieu chasseur. Des flèches de son arc, il répandait la mort ou bien écartait le mal.

Tous trois, remparts contre la mort, apparaissez devant [moi !
Si dans le passé, de la malédiction[1]
qui avait fondu sur la ville,
vous avez su éloigner la flamme dévoratrice,
venez à nous une fois encore !

STROPHE 2

Hélas ! de mille maux je porte en moi
la souffrance. Toutes les forces vives
sont atteintes par le mal, et il n'est, dans ma pensée, [aucune arme
pour nous défendre. Aucun fruit
ne pousse sur notre terre illustre, aucune vie
ne naît des femmes criant les douleurs de l'enfantement.
Un à un, tels des oiseaux lancés à tire-d'aile,
on peut les voir, plus fougueux que flammes indomp- [tables, voler
aux confins du Couchant[2], dans la demeure du dieu.

ANTISTROPHE 2

De ces morts innombrables la cité se meurt.
Nulle larme pour cette descendance étendue à terre
qui propage la mort, nulle pitié !
Tour à tour, jeunes épouses et mères aux blancs cheveux
gagnent l'élévation des autels, de partout elles affluent,
elles pleurent, elles crient leurs douleurs intolérables.
Aux accords vibrants du péan répondent leurs sanglots.
Pour soulager nos maux, ô fille de Zeus éclatante d'or,
envoie-nous l'aide au doux visage.

---

1. *la malédiction* : le mal causé par la présence de la Sphinge, et dont l'image du feu souligne l'intensité.
2. *aux confins du Couchant* : c'est là que la tradition homérique situe la demeure d'Hadès, dieu des morts.

STROPHE 3

Et Arès le violent[1] qui,
sans le bronze de ses boucliers,
me brûle, me harcèle au milieu des cris,
qu'il rebrousse chemin ! qu'il cingle vers sa patrie
poussé par le vent, et regagne la vaste
chambre d'Amphitrite[2],
ou bien le mouillage inhospitalier,
les flots houleux de la Thrace !
Car la tâche que la nuit a interrompue,
le jour s'empresse de l'achever ;
ce cruel, je te demande, à toi qui sur le feu
des éclairs règnes en maître,
ô Zeus père, de l'écraser de ta foudre !

ANTISTROPHE 3

Seigneur lycien[3], de la courbe
de ton arc tressée d'or,
je voudrais que tu décoches mille traits invincibles[4]
pour assurer ma défense ; je voudrais qu'étincellent
les flambeaux[5] qui accompagnent Artémis
quand elle bondit sur les monts de Lycie[6].
Et puis j'appelle le dieu au bandeau d'or,
de qui cette terre a tiré son nom[7],

1. *Arès le violent* : Arès, dieu de la guerre, est ici considéré comme une puissance destructrice.
2. *chambre d'Amphitrite* : l'Atlantique. Amphitrite, épouse de Poséidon, régnait sur la mer située aux confins du monde connu.
3. *Seigneur Lycien* : le sens de cette épithète, souvent appliquée à Apollon, est peut-être à rattacher à une racine désignant la lumière.
4. *mille traits invincibles* : les rayons du Soleil, décochés par Apollon, « seigneur de lumière ».
5. *les flambeaux* : la lumière des astres.
6. *Lycie* : nom de la terre d'Artémis. Fait écho à l'épithète désignant son frère jumeau (« *Seigneur lycien* »).
7. *a tiré son nom* : Bacchus avait introduit les Bacchanales à Thèbes, patrie de sa mère Sémélé.

Bacchus empourpré par le vin, Bacchus vers qui monte
[le cri, évohé!
Qu'il quitte le cortège des Ménades,
qu'il vienne, brûlant
des feux fulgurants
de sa torche, se jeter contre le plus méprisable des
[dieux!

Une représentation de la tragédie de Sophocle à Delphes en 1951.

Questions

Compréhension

1. *Comment se justifie l'entrée en scène du chœur* ? Quelle est sa fonction ? Quels sentiments le chœur manifeste-t-il ?*

2. *Pourquoi le chœur se tourne-t-il vers les dieux ? Quelles sont les deux triades invoquées ?*

3. *Comment la prière du chœur traduit-elle la nature ambiguë de l'oracle ?*

Écriture

4. *À quoi reconnaissez-vous que ce texte est une prière ? Quel en est le contenu ? Quels en sont les éléments constitutifs ?*

5. *Comment le langage du chœur parvient-il à maintenir chez le spectateur la tension de la terreur et de la pitié ?*

6. *Relevez les images de mort (cf. vers 175 et suivants).*

Mise en scène

7. *Comment, au point de vue dramaturgique, le prologue et la parodos sont-ils liés ?*

8. *Comment imaginez-vous l'entrée du chœur ? Où se tient-il ? Comment vous le représentez-vous ?*

9. *Par quels jeux d'éclairage pourriez-vous donner au décor un caractère symbolique ?*

Bilan

L'action

• Ce que nous savons

Quel intérêt le spectateur athénien peut-il trouver dans la représentation de l'histoire et du mythe d'Œdipe puisqu'il les connaît depuis son enfance ? Le spectateur attend l'interprétation personnelle du dramaturge, le suspense ménagé et des émotions nouvelles et fortes par lesquelles il se libérera de ses passions (la catharsis d'Aristote). Il goûtera un autre plaisir, d'ordre intellectuel, car il sait, tandis que le héros tragique est dans l'ignorance. De cette situation naît l'ironie tragique, à la fois mise à distance et source d'intense émotion.
Le prologue expose la situation. La tonalité religieuse et la gravité des propos échangés frappent immédiatement. Une malédiction pèse sur la cité dont l'origine est mystérieuse. Œdipe, le déchiffreur d'énigme, devra trouver la réponse à la question : qui a tué Laïos ?

• À quoi nous attendre ?

À la fin du prologue, l'action est déjà engagée. Œdipe s'engage solennellement à faire la lumière et à éliminer la souillure pour libérer la cité du fléau, croyant naïvement agir dans son propre intérêt. Comment l'enquête va-t-elle être menée par un enquêteur qui, sans le savoir, est aussi le criminel ?

Les personnages

• Ce que nous savons

• ***Œdipe :*** *la tragédie s'ouvre par le nom du héros, le sauveur de la cité. Œdipe apparaît comme un roi triomphant au sommet de la gloire. Il a acquis le pouvoir en résolvant l'énigme de la Sphinge et sera contraint de faire continuellement la preuve de son intelligence.*
Œdipe est un tyran dont le pouvoir s'inscrit nécessairement en compétition avec celui des dieux, « ce que bien entendu les dieux ne peuvent tolérer. On sait comment ils punissent l'outrecuidant. À l'inverse du roi légitime qui règne par la vertu de son sang, le tyran est le fils de ses œuvres et de la chance. Dans un monde dominé par les puissances religieuses, il est celui par qui

commence à apparaître l'autonomie de l'action humaine, celui par qui la notion de liberté humaine commence à prendre forme» *(Bernard Chartreux,* Œdipe : roi ou tyran?, *Revue* Théâtre Public *n° 88-89).*

• ***Le prêtre*** *n'est pas nommé à la différence d'Œdipe. Il est le porte-parole de la cité. Il connaît la rhétorique, passe de l'éloge à l'injonction et sait rappeler à Œdipe que la réussite est nécessaire s'il veut sauvegarder sa renommée de «sauveur» et conserver le pouvoir.*

• ***Les jeunes gens*** *sont les représentants de la jeunesse thébaine, l'élite et l'espoir de la cité.*

• ***La cité*** *est personnifiée et évoquée par de nombreuses images. Œdipe se doit de la «redresser».*

• ***Créon*** *revient du sanctuaire d'Apollon et, en loyal serviteur, a rapporté l'oracle. Les révélations de Créon annoncent la suite de l'enquête. Un témoin vit toujours.*

• À quoi nous attendre?

Ce tableau symbolique des trois âges – enfants, vieillards et Œdipe dans la force de l'âge – rappelle la solution de l'énigme de la Sphinge. Il figure l'enquête d'Œdipe qui remonte le temps, de l'assassinat de Laïos à son exposition sur le Cithéron.

Les représentants de la jeunesse thébaine, venus jusqu'aux portes du palais royal, participent à une cérémonie rituelle qui avait lieu au printemps. Cela est clair pour le spectateur athénien. De pauvres hères, rebut de la société, étaient alors fustigés, puis exilés. Ces références à une réalité précise donnent force et vérité au destin d'Œdipe.

Ivoire représentant Sophocle assis, un volumen dans les mains, Bibliothèque Nationale.

PREMIER ÉPISODE

ŒDIPE.

La réponse à ton appel, tu l'auras si tu écoutes atten-
[tivement
mes paroles, si tu te soumets aux exigences du fléau.
Tu pourrais trouver la force d'écarter le mal, l'allége-
[ment à tes maux
dans ce que je vais dire, moi qui suis étranger à ce qu'on
[vient de me rapporter,
étranger au crime commis. De moi-même je ne me
[lancerais pas
sur une piste aussi lointaine, à moins de disposer de
[quelque indice,
et comme je n'ai été inscrit au nombre des citoyens
[qu'après les événements,
voici, Cadméens, ce que je proclame devant vous
[tous :
« Quiconque parmi vous sait sous les coups de qui
Laïos, fils de Labdacos, a trouvé la mort,
je lui ordonne de tout me révéler.
S'il craint pour sa vie, qu'il se libère du poids d'une
[éventuelle accusation
en se dénonçant lui-même, il ne sera nullement
inquiété, il quittera ce pays en toute sécurité.
Dans l'éventualité où il connaîtrait l'assassin comme
[étant un autre que lui,
un étranger, il ne doit pas se taire : je lui paierai
une récompense, et j'y ajouterai ma gratitude.
En revanche, si vous vous taisez, si par crainte
vous rejetez cet avis pour protéger un ami ou vous-
[même,
ce que je ferai dans ce cas, vous devez l'entendre de
[moi :
le coupable, quel qu'il soit, j'interdis à quiconque,
sur cette terre où je détiens l'autorité et le trône,
de le recevoir, de lui parler,

de l'admettre à participer aux prières, aux sacrifices
adressés aux dieux, de lui faire partager l'eau lustrale[1].
Tous, vous devez le tenir à l'écart de votre maison, car il
[est une souillure
pour nous, ainsi que l'oracle pythique
du dieu vient à l'instant de me le signifier.
Avec ces dispositions, je me fais l'auxiliaire
de la divinité et du mort.
Et je voue l'auteur du crime, qu'il ait agi
seul, dans le secret, ou avec des complices,
à user sa vie contre les pires misères, sans aucune part
[de bonheur.
Sur moi aussi j'appelle la malédiction : si jamais il entre
[dans ma maison
et partage mon foyer, avec mon assentiment,
puissé-je endurer tous ces maux dont je viens de les
[menacer dans mes imprécations !
Tout cela, je vous enjoins de l'exécuter
par égard pour moi, pour le dieu et pour ce pays
qui court à sa perte, privé de ses fruits et oublié des
[dieux.
Non ! à supposer même que le crime n'eût pas été révélé
[par les dieux,
vous ne deviez pas tolérer qu'on ne le purifiât pas[2] !
Un homme excellent, votre roi, avait trouvé la mort,
il fallait faire toute la lumière ! Mais puisque je suis main-
[tenant
en possession du pouvoir qu'il détenait avant moi,
en possession de sa couche, de sa femme, par nous deux
[fécondée,
puisque nous aurions des enfants en commun, si sa des-
[cendance
n'avait été frappée de malheur,
– mais l'infortune, hélas, s'est abattue sur sa tête –,

1. *l'eau lustrale* : l'eau qui sert à se purifier avant les sacrifices, et toute cérémonie religieuse.

2. *qu'on ne le purifiât pas* : le meurtre, même involontaire, constitue une souillure pour son auteur ; un rituel de purification est nécessaire pour éviter la contagion du mal.

pour toutes ces raisons je m'érige en défenseur de cet
[homme,
comme s'il était mon propre père ; et j'irai jusqu'au bout
de mes recherches afin de découvrir l'auteur de cet
[assassinat.
Je le ferai pour le fils de Labdacos, issu de Polydore,
issu, bien avant, de Cadmos et de l'ancêtre Agénor.
Pour ceux qui transgresseraient ces ordres, j'invoque les
[dieux :
qu'aucune récolte ne pousse sur leur terre,
qu'aucun fils ne naisse de leur femme, qu'ils périssent
du mal fatal qui nous met à l'agonie, et d'un mal plus
[terrible encore !
Quant à vous autres Cadméens qui acceptez
ces décisions, puissiez-vous avoir pour alliée la Justice !
puissent tous les dieux être avec vous, pour toujours !

Le Chœur.
Tu m'as saisi au vif dans ton imprécation, prince, je te
[répondrai de même :
je ne l'ai pas tué, et je ne puis t'indiquer
qui l'a tué. Mais c'était à Phoibos,
lui qui nous a chargés de l'enquête, de désigner le cou-
[pable, quel qu'il soit.

Œdipe.
C'est juste, seulement nul homme au monde
ne saurait forcer les dieux, quand leur volonté se dérobe.

Le Chœur.
J'aimerais te soumettre un deuxième avis, qui me
[semble bon.

Œdipe.
Et même un troisième, si tu le désires. N'aie crainte de
[parler.

Le Chœur.
Je sais un prince, Tirésias, qui, autant qu'Apollon, son
[prince,
a faculté de voir les choses. En lui confiant le soin

d'examiner cette affaire, on obtiendrait, prince, les plus
[sûrs renseignements.

ŒDIPE.
Cette voie, je ne l'ai pas laissée en friche, j'en ai tiré tout
[le parti possible :
après mon entrevue avec Créon, j'ai envoyé deux mes-
[sagers
le chercher. Je m'étonne d'ailleurs qu'il ne soit pas
[encore là.

LE CHŒUR.
Non, il n'est rien de sérieux dans cette vieille rumeur
[qu'on colporte.

ŒDIPE.
Quelle rumeur ? Tout ce qu'on raconte, je l'examine.

LE CHŒUR.
On dit que des voyageurs seraient cause de sa mort.

ŒDIPE.
Je l'ai entendu dire, moi aussi. Mais le témoin des faits,
[nul ne le voit.

LE CHŒUR.
S'il offre quelque prise à la crainte,
il se troublera en entendant la violence de tes impré-
[cations.

ŒDIPE.
L'homme qui n'a pas tremblé dans l'action, ne craint
[pas les menaces verbales.

LE CHŒUR.
Quelqu'un cependant peut le confondre : en ce moment
[même
on conduit devant nous le divin interprète, le seul

de tous les hommes en qui la vérité s'est enracinée[1].

ŒDIPE.

Tirésias, toi qui as la maîtrise de tout ce qui s'enseigne
ou échappe à la parole, de tout ce qui est au ciel ou sur
[la terre,
bien qu'aveugle, tu sais au fond de toi
de quel fléau notre ville est la proie. Sois notre pro-
[tecteur,
sois notre sauveur, en toi seul, prince, nous trouvons un
[secours.
Phoibos – peut-être ne l'as-tu pas appris des mes-
[sagers –
à notre délégation a fait réponse : pour nous libérer
de ce mal, il n'est qu'un seul moyen :
découvrir les meurtriers de Laïos,
puis les mettre à mort ou bien les exiler loin de notre
[pays.
Je t'en prie, ne nous refuse ni les signes envoyés par les
[oiseaux[2],
ni aucune pratique de l'art divinatoire.
Écarte loin de toi, de la ville, loin de moi,
écarte toute la souillure provenant de ce mort.
De toi dépend notre sort. Servir autrui, de toutes ses
[forces,
de tout son pouvoir, c'est le plus beau combat qu'un
[homme puisse mener.

TIRÉSIAS.

Ah ! hélas ! Terrible, à qui le possède, est le savoir
quand il reste sans effet[3]. Cette vérité, je la connaissais
[bien,
mais je l'ai laissée se perdre en moi, sinon je ne serais
[pas venu.

---

1. *la vérité s'est enracinée* : dominant le passé, le présent et l'avenir, le savoir du devin a force de vérité *(alétheia)*.
2. *les signes envoyés par les oiseaux* : l'art augural consistait à examiner le vol, la nourriture ou le chant des oiseaux pour en tirer des présages.
3. *quand il reste sans effet* : Tirésias sait d'avance que sa démarche est vouée à l'échec ; la vérité qu'il détient est, dans ce cas, inefficace.

ŒDIPE.
Qu'est-ce donc ? Quel découragement d'entrée de jeu !

TIRÉSIAS.
Laisse-moi rentrer chez moi. Tu n'en supporteras que mieux ton sort,
et moi le mien, il faut me croire.

ŒDIPE.
Quelle injustice dans tes propos ! quelle ingratitude envers cette ville
qui t'a vu grandir ! Tu lui refuses cet oracle ?

TIRÉSIAS.
Dans ce que tu as dit, je ne vois rien qui puisse tourner
à ton avantage, je ne voudrais pas qu'il m'arrive la même chose.

ŒDIPE.
Au nom des dieux, si tu as toute ta raison, ne nous abandonne pas,
tous ici nous nous agenouillons devant toi, nous te supplions.

TIRÉSIAS.
C'est vous tous qui avez perdu la raison. Non ! je n'irai pas
dévoiler mes malheurs ! Je me garderai bien ainsi d'évoquer les tiens.

ŒDIPE.
Que dis-tu ? Tu sais et tu refuses de parler ! Ton intention
est donc de nous trahir, de mener cette ville à sa perte ?

TIRÉSIAS.
Je ne serai source d'ennui ni pour moi ni pour toi. À quoi bon
me poser toutes ces questions ? Tu n'apprendras rien de moi.

ŒDIPE.
Monstre d'infamie ! Contre toi même un roc
frémirait de colère ! Vas-tu te décider à parler ?
De ton cœur cuirassé on n'obtiendra donc rien ?

TIRÉSIAS.
Tu blâmes ma colère, sans voir que celle qui t'anime
prend sa source au même endroit[1] ; et c'est contre moi que tu te déchaînes.

ŒDIPE.
Comment ne pas se mettre en colère à t'entendre proférer
de telles paroles de déshonneur pour la ville ?

TIRÉSIAS.
Les choses arriveront toutes seules, même si je garde le secret.

ŒDIPE.
Puisqu'elles arriveront, ne faut-il pas aussi me les dire ?

TIRÉSIAS.
Je n'en dirai pas plus. Après cela, libre à toi
de te laisser aller à la plus sauvage des colères.

ŒDIPE.
Eh bien, ma colère est telle que je ne cacherai pas
le fond de ma pensée. À mon sens, sache-le,
c'est toi qui as comploté le coup, toi qui l'as exécuté
sans pour autant tuer de tes propres mains ! Et si tu n'étais pas aveugle,
je dirais que cela aussi relève de ton seul fait.

TIRÉSIAS.
Vraiment ? Et moi je t'ordonne de te conformer
aux ordres que tu viens de proclamer. Dès ce jour donc,

1. *prend sa source au même endroit* : la faute d'Œdipe étant la cause de la colère de Tirésias (d'où son silence obstiné), elle est aussi à l'origine de la colère du roi.

n'adresse la parole ni à ces gens ni à moi,
car c'est toi l'impureté sacrilège qui souille ce pays!

ŒDIPE.
Quelle insolence! Tu oses tenir
pareil langage? Et où crois-tu pouvoir échapper au châtiment qui t'attend?

TIRÉSIAS.
Je suis hors d'atteinte : la vérité, dans toute sa force, vit au plus profond de moi.

ŒDIPE.
Et qui t'a enseigné la vérité? Ce n'est certainement pas ton art!

TIRÉSIAS.
Toi-même! toi qui m'as poussé à parler malgré moi.

ŒDIPE.
Pour dire quoi? Répète, que je sois mieux informé.

TIRÉSIAS.
Tu n'as pas compris tout à l'heure? ou bien tu t'exerces à me faire parler?

ŒDIPE.
Je n'ai pas très bien saisi. Explique une nouvelle fois.

TIRÉSIAS.
J'affirme que c'est toi le meurtrier que tu cherches.

ŒDIPE.
Ah! il t'en cuira de m'avoir offensé par deux fois!

TIRÉSIAS.
Dois-je en dire plus, afin d'enflammer ta colère?

ŒDIPE.
Autant qu'il te plaira, ce ne seront que paroles au vent.

TIRÉSIAS.

J'affirme que tu as, sans le savoir, avec des êtres qui te sont très proches,
les relations les plus honteuses, et tu ne vois pas quel degré d'infamie tu as atteint.

ŒDIPE.

Tu crois que tu trouveras longtemps un malin plaisir à m'injurier comme tu le fais ?

TIRÉSIAS.

Oui, si du moins la force de la vérité existe bien.

ŒDIPE.

Elle existe, mais pas chez toi. Chez toi, cette force n'est rien,
car tes oreilles et ton esprit, autant que tes yeux, sont aveugles.

TIRÉSIAS.

Malheureux ! Il t'échappe des paroles injurieuses
que tous ces gens, ici, s'empresseront de retourner contre toi !

ŒDIPE.

La nuit où tu vis est si absolument une, que jamais tu ne pourras me nuire,
non plus qu'à quiconque voit la lumière du jour.

TIRÉSIAS.

Ton destin n'est pas de succomber à mes attaques.
Apollon a assez de puissance, c'est par lui que ces choses doivent s'accomplir.

ŒDIPE.

Est-ce Créon, ou bien toi qui as conçu l'affaire ?

TIRÉSIAS.

Créon n'est pas la source de tes maux, c'est toi, toi seul.

ŒDIPE.
Ô richesse, royauté, savoir victorieux
du savoir[1], grâce à vous la vie est désirable,
que de jalousie cependant se terre au fond de vous!
Pour obtenir le pouvoir que j'exerce ici, et que Thèbes
m'a remis en cadeau, sans que je l'aie demandé,
le fidèle Créon, l'ami des premiers jours,
me trahit dans l'ombre, il projette de m'évincer;
il a corrompu ce sorcier, cet intrigant
manipulateur de faux oracles qui, pour faire du profit,
ouvre bien grand ses yeux, mais tâtonne en aveugle dans
[l'exercice de son art.
Quand donc, dis-le-moi, as-tu été un devin véritable?
Pourquoi, quand la chienne était là qui versifiait ses
[énigmes,
n'as-tu pas fait entendre ta voix pour soulager les habi-
[tants de cette ville?
Un homme de passage n'avait pas à éclaircir l'énigme,
c'était du ressort de la divination!
Non! c'est clair, ni les oiseaux ni aucun dieu
ne t'ont insufflé ce savoir. Et moi, Œdipe,
sans rien y connaître, je suis venu, et j'ai mis fin à son
[chantage.
J'ai touché au but, par ma perspicacité, sans rien avoir
[appris des oiseaux.
Et cet homme-là, toi tu tentes de le chasser! Tu t'ima-
[gines déjà
aux premières places, debout près du trône de Créon?
Ah! vous vous en mordrez les doigts, toi et ton acolyte,
de vouloir m'expulser comme une impureté. Si je n'avais
[égard
à ton grand âge, les coups sauraient te rendre à la raison.

LE CHŒUR.
Il nous a semblé parler sous l'effet
de la colère, mais toi aussi, Œdipe, c'est notre avis.

---

1. *savoir victorieux du savoir* : l'émulation – positive – qui pousse chaque homme à se surpasser dans le domaine de l'intelligence.

Ce n'est pas là ce qu'il nous faut. Résoudre au mieux
l'oracle du dieu, tel est notre objectif.

TIRÉSIAS.
Tu es le roi, mais tu dois rétablir l'équilibre
en me reconnaissant un pouvoir que j'ai moi aussi : celui
[de te contredire, d'égal à égal.
Ma vie n'est pas à ton service, elle est au service de
[Loxias.
Je n'aurai donc pas à me faire inscrire comme protégé
[de Créon[1].
Puisque tu n'as pas craint d'insulter à ma cécité, je te le
[dis :
tu vois la lumière sans voir quel degré d'infamie tu as
[atteint,
sans voir où tu habites, ni avec qui tu vis.
Sais-tu seulement de qui tu es le fils ? Sans t'en rendre
[compte, tu es l'ennemi
de tes parents, en enfer et là-haut, sur la terre.
Elle avance à pas terribles, l'épée à double tranchant,
la Malédiction que pointeront contre toi ta mère et ton
[père, pour te chasser hors de cette terre.
Tu vois le jour, bientôt tu ne seras plus que ténèbres.
Vers quel port n'iras-tu pas crier ta souffrance,
quel Cithéron n'y fera pas écho,
quand tu comprendras vers quels rivages interdits
tu as, en cette demeure, conduit l'hymen, grisé par des
[vents favorables ?
Et tu n'imagines pas l'infinité des malheurs à venir
qui feront de toi l'égal de toi-même et de tes enfants[2] !
Après cela, tu peux traîner Créon dans la boue, tu peux
[piétiner
mes oracles, nul être au monde
ne sera plus atrocement brisé que toi !

1. *me faire inscrire comme protégé de Créon* : la loi athénienne obligeait les étrangers (*métèques*) à se placer sous la protection d'un patron pour jouir de certains droits. Tirésias récuse ainsi l'accusation d'Œdipe (v. 387).
2. *l'égal de toi-même et de tes enfants* : quand tu découvriras le monstre que tu es, à la fois « toi » (père de tes enfants) et « l'égal de tes enfants » (leur frère).

ŒDIPE.

Pareilles insolences se peuvent-elles tolérer ?
Vas-tu bien t'en aller ! Plus vite ! Fais donc demi-tour
et disparais de ce palais, qu'on ne t'y voie plus !

TIRÉSIAS.

Je n'y serais pas venu, si tu ne m'avais pas fait appeler.

ŒDIPE.

Je n'imaginais pas que tu dirais des folies, autrement
je me serais moins empressé de te faire venir !

TIRÉSIAS.

Je suis donc fou, à t'en croire.
Ceux qui t'ont donné le jour, eux, me jugeaient sain [d'esprit.

ŒDIPE.

Qui donc ? Attends un peu. Qui m'a engendré ?

TIRÉSIAS.

Ce jour te verra naître et sombrer dans le néant.

ŒDIPE.

Il n'est donc sur tes lèvres que paroles énigmatiques et [obscures !

TIRÉSIAS.

N'est-ce pas toi qui excelles à débrouiller ce genre de [choses ?

ŒDIPE.

Fais-moi donc offense des faits dont je tire ma grandeur !

TIRÉSIAS.

C'est pourtant bien cet heureux hasard qui t'a perdu.

ŒDIPE.

Que m'importe, si j'ai sauvé cette ville ?

TIRÉSIAS.
C'est bon, je m'en vais. Emmène-moi, mon enfant.

ŒDIPE.
Oui, qu'il t'emmène ! Ta présence m'importune,
elle me met en rage. Disparais donc, tu ne me causeras
[plus de tracas.

TIRÉSIAS.
Je pars, mais d'abord apprends ce que j'avais à te dire.
[Je ne crains pas
ta personne : tu n'es pas en mesure de m'anéantir.
Je te le dis : cet homme que tu cherches
depuis un moment, pour le meurtre de Laïos,
à coup de menaces et de proclamations, il est ici.
On croit qu'il s'agit d'un étranger, établi en ces lieux ;
[bientôt on découvrira
que c'est un Thébain, né sur cette terre. L'événement ne
[sera pas
pour le réjouir : aveugle, il regrettera ses yeux ;
mendiant, il regrettera ses richesses, et il s'en ira en
[terre étrangère,
guidant d'un bâton sa marche incertaine.
Des enfants qui l'entourent, on le découvrira
frère et père à la fois ; de la femme qui l'a mis au monde,
fils et mari ; de son père,
rival amoureux et meurtrier. Rentre donc maintenant,
réfléchis à mes paroles, et si tu peux prouver que j'ai
[menti,
alors je t'autorise à dire que je ne connais rien à l'art
[divinatoire !

Questions

Compréhension

• La proclamation d'Œdipe

1. *Quel message Œdipe adresse-t-il aux Thébains ? Quelles raisons a-t-il d'épouser la cause de Laïos ?*

• La réponse du chœur*

2. *Quel sera le troisième avis ? Que propose le chœur à Œdipe ?*

• Œdipe et Tirésias

3. *Cette scène est un « agôn », un combat. Quelles sont les étapes de cette joute ? Qui en sort vainqueur ?*

4. *Comment les rôles des deux personnages sont-ils inversés ?*

5. *Pourquoi ne peuvent-ils pas communiquer ?*

6. *Qu'a de tragique leur opposition ?*

7. *Comment Œdipe interprète-t-il l'attitude du devin ?*

8. *Pourquoi les soupçons d'Œdipe portent-ils sur Créon ?*

Écriture

9. *Quelles sont les paroles d'Œdipe qui ont pour but de terrifier le spectateur et de rendre l'inconscience du personnage encore plus pathétique ?*

10. *Relevez les paroles oraculaires de Tirésias.*

11. *Comment se traduit, dans l'écriture, l'impossibilité ou la difficulté de communication entre les deux personnages ?*

Mise en scène

12. *Comment l'opposition des deux personnages peut-elle être représentée ?*

PREMIER STASIMON•

STROPHE 1

Quel est cet homme, qu'en ses divines prophéties,
la roche de Delphes dit
avoir accompli, de ses mains sanglantes,
des horreurs impossibles à nommer ?
Pour lui c'est l'heure de fuir, d'une course
plus impétueuse que le galop
des vagues dans la tempête.
Car contre lui s'élance, avec ses armes
de feu et d'éclairs, celui que Zeus engendra[1] ;
et viennent dans son sillage, terribles,
les Kères qui jamais ne manquent leur proie.

ANTISTROPHE 1

Des neiges du Parnasse[2],
elle a pris son essor à l'instant, pure lumière,
la parole intimant l'ordre à chacun
de faire la chasse à l'homme insaisissable.
À l'aventure, il hante la forêt
sauvage, autour des antres
et des rochers, tel un taureau
qui souffre et cache sa souffrance dans sa course soli-
[taire.
Il voudrait échapper aux oracles
jaillis du nombril de la terre[3], mais eux, tenaces,
bien vivants, ils volent autour de lui.

---

1. *celui que Zeus engendra* : Apollon, perçu ici comme un dieu guerrier. Il cumule ses armes propres (le feu) et celles de son père (les éclairs).
2. *Des neiges du Parnasse* : le sanctuaire de Delphes est situé sur le contrefort rocheux du Parnasse.
3. *nombril de la terre* : il s'agit de l'omphalos de Delphes, pierre de forme conique considérée comme le centre de la terre.

STROPHE 2

Terrible, terrible est le trouble
que jette en mon âme l'habile augure.
Faut-il le croire ou le contredire ?
Ce que je dois dire, je ne le sais.
Je vole au gré de mes incertitudes, ne voyant clair
ni dans ce qui est là, sous mes yeux, ni dans ce qui
[remonte loin en arrière[1].
Quel différend opposait donc
les Labdacides et le fils de Polybe ?
Non, ni les événements passés
ni la situation présente
ne m'autorisent, avec une preuve irréfutable,
à entacher la réputation
d'Œdipe, bien établie dans la ville, et à venger un
[meurtre
demeuré obscur pour voler au secours des Labdacides.

ANTISTROPHE 2

Oui, dans leur intelligence, Zeus et Apollon
connaissent les affaires des simples mortels ;
mais que, dans l'ordre humain,
un devin doive m'être supérieur,
cette distinction-là n'est pas avérée.
Certes le savoir d'un homme
peut l'emporter sur celui d'un autre,
jamais cependant je n'irai
ajouter foi aux accusations qui chargent Œdipe,
avant d'avoir vu la parole du devin toucher droit au but.
Car on l'a vu : lorsque la vierge ailée[2] autrefois se dressa
devant lui, il fit la preuve
de son habileté et de son amour pour la ville. Non ! jamais
mon cœur ne l'accusera de mauvaises intentions !

---

1. *ce qui remonte loin en arrière* : le chœur confronte désespérément le présent (les accusations de Tirésias) et le passé (les exploits d'Œdipe).
2. *vierge ailée* : Sphinge.

Questions

Compréhension

1. *Comment le premier stasimon• est-il lié au premier épisode• ?*

2. *Quel est le rôle d'Apollon ? Est-il semblable à celui du Prologue ?*

3. *Pourquoi chacun doit-il participer à* « la chasse à l'homme insaisissable » ?

4. *Comment expliquez-vous que le criminel ne puisse échapper aux oracles ?*

5. *La défense d'Œdipe par le chœur• (dans la strophe 2 et l'antistrophe 2) : quel argument le chœur met-il en avant ?*

6. *Quelle est la fonction du premier stasimon dans l'économie de la pièce ?*

Écriture

7. *Étudiez le lyrisme du texte (répétitions, parallélismes, etc.).*

8. *Dégagez le caractère symbolique des lieux évoqués dans la strophe 1.*

Bilan

L'action

• Ce que nous savons

Œdipe connaît un premier obstacle : l'appel à témoin qu'il a lancé, accompagné de l'exécration et de la malédiction, n'obtient aucun résultat. Sur les conseils du coryphée, il consulte le devin Tirésias, qu'il avait convoqué après son entrevue avec Créon. Tirésias, nous le savons, dit la vérité, mais Œdipe ne peut l'entendre. Il se méprend sur le sens de ses paroles et accuse le devin de complicité avec Créon. Aveuglé par la colère, il retourne l'accusation contre Tirésias. Si celui-ci cependant poursuivait ses révélations, la pièce pourrait s'achever rapidement. Œdipe perd un appui. L'enquêteur s'écarte de la vérité. Le spectateur respire un instant, et le chœur•, dans le premier stasimon•, renouvelle sa confiance au roi.

• À quoi nous attendre ?

Par quels coups de théâtre, quels interrogatoires de témoins, quelles reconnaissances, Sophocle fera-t-il la preuve de la culpabilité d'Œdipe ?

Les personnages

• Ce que nous savons

***Œdipe** révèle son caractère coléreux devant le mutisme de Tirésias. Ce personnage à l'orgueil chatouilleux devant l'accusation injuste proférée par Œdipe, dit toute la vérité. Le roi s'égare en mettant ses propos sur le compte de l'emportement du devin et il met en doute son art de la divination. Mais Tirésias a le dernier mot :* « Si tu peux prouver que j'ai menti, alors je t'autorise à dire que je ne connais rien à l'art divinatoire. »
Œdipe perd un allié. C'est le début de son égarement. Plus grave, cette attitude scandaleuse s'est manifestée publiquement.

• À quoi nous attendre ?

Quels moyens Sophocle va-t-il mettre en œuvre pour rendre Œdipe peu à peu clairvoyant ?

DEUXIÈME ÉPISODE•

CRÉON.

Citoyens, on m'a informé des accusations terribles
que notre roi Œdipe dirige contre moi.
Les jugeant intolérables, je suis venu ici. Si, dans les
[circonstances actuelles,
il pense avoir subi de ma part
un préjudice, en paroles ou en actes,
je ne puis, sous le poids d'une telle rumeur,
désirer vivre plus longtemps. Loin d'être négligeable,
le tort porté par ces dires à mon encontre
est énorme si, partout dans la ville,
à tes yeux comme à ceux de mes amis, je passe pour un
[coupable.

LE CHŒUR•.

Mais cet outrage, peut-être a-t-il déferlé sur toi
dans la violence de la colère, il n'a pas été mûrement
[pesé ?

CRÉON.

Le mot a bien été lancé : le devin
aurait falsifié son discours, sous mon influence et pour
[servir mes plans.

LE CHŒUR.

C'est bien ce qu'il a dit, mais j'ignore quel était le fond
[de sa pensée.

CRÉON.

Avait-il le regard d'un homme sensé, l'esprit d'un
[homme sensé[1],
quand il a jeté cette accusation contre moi ?

---

1. *l'esprit d'un homme sensé* : apparence physique et santé mentale sont étroitement liées, elles sont toutes les deux rendues en grec par l'adjectif *orthós* (droit).

LE CHŒUR•.
Je ne sais : les actions des puissants, mes yeux ne les
[voient pas.
Mais le voici justement qui sort du palais.

ŒDIPE.
Toi ici ? comment as-tu pu venir ? Insolent !
tu as assassiné cet homme, cela ne fait aucun doute,
tu cherches de toute évidence à me truander, à m'arra-
[cher le pouvoir,
et tu oses te présenter dans ma maison !
Dis-moi, au nom des dieux, quelle ombre de lâcheté ou
[de folie
as-tu décelé en moi pour te lancer dans de telles entre-
[prises ?
Mais peut-être pensais-tu que je ne découvrirais pas le
[complot
qui rampait vers moi dans l'ombre ? Ou que, si j'en étais
[informé, je ne saurais pas le déjouer ?
Mais c'est toi qui es fou avec ta folle tentative !
Se mettre en chasse du pouvoir, sans l'appui du peuple,
[sans amis[1],
alors qu'on ne l'obtient précisément qu'avec des appuis,
[qu'avec des richesses !

CRÉON.
Sais-tu ce que tu dois faire ? Tu as parlé,
écoute-moi donc à ton tour, après tu pourras juger en
[connaissance de cause.

ŒDIPE.
Parler, c'est ton fort, eh bien moi, quand il faut t'écou-
[ter, je ne suis pas doué :
je ne discerne en toi que malveillance et hostilité à mon
[égard.

CRÉON.
Sur ce point, commence par écouter ce que j'ai à te dire.

---

1. *sans amis* : dans la course au pouvoir, les amis procurent un appui financier déterminant.

ŒDIPE.
Sur ce point, ne va pas soutenir que tu n'es pas coupable.

CRÉON.
Si tu t'imagines qu'une attitude arrogante, dénuée de raison,
est une bonne chose, tu fais fausse route.

ŒDIPE.
Si tu t'imagines qu'un attentat contre un parent
restera impuni, tu fais erreur.

CRÉON.
Je suis d'accord, c'est pure justice. Apprends-moi cependant
quel tort tu penses avoir subi de ma part.

ŒDIPE.
Oui ou non, as-tu fait pression sur moi pour que j'envoie
quelqu'un chercher l'auguste devin ?

CRÉON.
Oui, et je suis toujours de cet avis.

ŒDIPE.
Et il y a combien de temps déjà que Laïos...

CRÉON.
A fait quoi ? Je ne saisis pas bien.

ŒDIPE.
A disparu, tombé sous le coup d'une main meurtrière ?

CRÉON.
Cela fait tant et tant d'années, c'est difficile à mesurer.

ŒDIPE.
À cette époque, ce devin exerçait-il déjà son art ?

CRÉON.
Oui, avec la même habileté et les mêmes honneurs.

ŒDIPE.
A-t-il parlé de moi en ce temps-là ?

CRÉON.
Non, du moins pas en ma présence.

ŒDIPE.
N'avez-vous pas engagé une enquête au sujet du mort ?

CRÉON.
Nous en avons mené une, cela va de soi, mais sans résultat.

ŒDIPE.
Pourquoi donc notre prétendu sage n'a-t-il pas alors soufflé mot de ce qu'il vient de révéler ?

CRÉON.
Je l'ignore. Qand mon esprit ne peut juger d'une chose, je préfère me taire.

ŒDIPE.
Il en est au moins une que tu sais et dont tu pourrais parler d'un esprit sûr.

CRÉON.
De quoi s'agit-il ? Si je sais, je ne refuserai pas de parler.

ŒDIPE.
De ceci : le devin, s'il n'était pas de mèche avec toi,
n'aurait jamais mis sur mon compte le meurtre de Laïos.

CRÉON.
Si c'est ce qu'il affirme, tu es bien placé pour le savoir. Mais je veux à mon tour
que tu m'instruises sur les questions que tu me posais à l'instant.

ŒDIPE.
Interroge-moi, tu ne pourras pas me faire endosser ce meurtre.

CRÉON.
Dis-moi, tu as bien épousé ma sœur ?

ŒDIPE.
Sur ce point de ton interrogatoire, je ne saurais te contredire.

CRÉON.
Tu règnes avec elle sur cette terre, à égalité de droit avec elle[1] ?

ŒDIPE.
Tout ce qu'elle désire, elle l'obtient de moi.

CRÉON.
Et moi, ne suis-je pas le troisième à partager ce pouvoir, à égalité avec vous deux ?

ŒDIPE.
C'est bien en cela que tu te montres un ami déloyal.

CRÉON.
Non ! Prends donc la peine d'examiner la situation avec moi.
Envisage d'abord ce point : crois-tu que quelqu'un
puisse préférer exercer le pouvoir, au milieu des angoisses,
plutôt que de dormir bien tranquille, tout en jouissant des mêmes prérogatives ?
Ma nature ne me pousse pas, moi,
à vouloir être roi, mais plutôt à vivre comme un roi,
semblable en cela à quiconque sait mettre à profit sa raison.

1. *à égalité de droit avec elle* : Œdipe assure l'essentiel de la charge royale, mais Jocaste, à travers son mari, conserve tous ses droits.

Actuellement, j'obtiens tout de toi sans être agité d'au-
[cune crainte ;
en revanche, si j'exerçais moi-même le pouvoir, que de
[choses il me faudrait faire à contrecœur !
Comment donc la royauté aurait-elle plus de grâce à
[mes yeux
qu'un pouvoir, qu'une puissance libres de tout chagrin ?
Je ne suis pas fou, je sais limiter mes désirs
aux belles choses, avec leurs avantages.
Actuellement, chacun cherche à me faire plaisir, chacun
[s'empresse autour de moi
et ceux qui te courtisent viennent d'abord me trouver,
car leur succès est tout entier entre mes mains.
Quel intérêt, dès lors, à échanger cette situation contre
[l'autre ?
Non, un esprit bien réglé ne saurait se fourvoyer.
Je ne suis pas d'une nature à m'enflammer pour ce
[genre d'idées,
et jamais je n'accepterais de m'associer à quelqu'un qui
[aurait ce plan en tête.
Pour te convaincre de ce que j'affirme, va à Pythô
et vérifie si je t'ai fidèlement rapporté les paroles de
[l'oracle.
Autre chose, si tu obtiens la preuve que j'ai conspiré
avec le devin, tu auras deux voix[1]
pour réclamer ma mort : la tienne et la mienne !
Ne m'accuse pas sur de vagues présomptions, toutes
[personnelles.
Il ne faut, en toute justice, ni prendre à la légère les
[méchants
pour d'honnêtes gens, ni les gens irréprochables pour
[des truands.
Rejeter un ami sincère, cela revient selon moi,
à se priver de ce qu'on a de meilleur en soi, de plus cher
[en soi.
Mais cela, tu l'apprendras de source sûre avec le temps :

1. *deux voix* : le terme grec (*psēphos*) désigne le caillou utilisé pour rendre les sentences judiciaires.

l'homme juste se révèle seulement à l'épreuve du temps,
tandis qu'un seul jour suffit à démasquer un traître.

LE CHŒUR•.
Aux yeux de qui craint de faire un faux pas, il a bien
[parlé,
prince. Penser vite n'est pas dénué de risque[1].

ŒDIPE.
Quand un conspirateur avance à grands pas
dans l'ombre, je dois moi aussi aviser au plus vite.
Si j'attends, sans bouger, il est sûr
de réussir son coup, et moi j'aurai raté le mien.

CRÉON.
Quelle est donc ton intention ? me chasser du pays ?

ŒDIPE.
Pas du tout. C'est ta mort que je veux, non ton exil.

CRÉON.
Explique d'abord la raison d'une telle haine.

ŒDIPE.
Ainsi tu résistes, tu refuses de me croire ?

CRÉON.
Oui, car je te vois perdre la raison.

ŒDIPE.
Mon intérêt, en tout cas, je ne le perds pas de vue.

CRÉON.
Le mien aussi mériterait d'être pris en compte.

ŒDIPE.
Tu n'es qu'un criminel !

---

1. *Penser vite n'est pas dénué de risque* : le chœur invite Œdipe à plus de prudence.

CRÉON.
Suppose que tu ne comprennes rien à rien ?

ŒDIPE.
Tu dois malgré tout te plier à mon commandement.

CRÉON.
Non, pas si ton commandement est mauvais !

ŒDIPE.
Ô Thèbes, ma chère ville !

CRÉON.
J'ai une part moi aussi dans cette ville[1], tu n'es pas le
[seul.

LE CHŒUR•.
Arrêtez, princes. Fort heureusement pour vous, je vois
la reine sortir du palais. Avec l'aide de Jocaste,
il faut arranger au mieux cette querelle.

(Jocaste vient s'interposer entre Créon et Œdipe.)

JOCASTE.
Que faites-vous là, malheureux, à vous jeter au visage
un flot d'absurdités ? N'avez-vous pas honte,
quand le pays est à l'agonie, d'attiser vos rancœurs per-
[sonnelles ?
(À Œdipe.) Allons, rentre au palais, et toi, Créon,
[retourne chez toi.
Ne faites pas d'une douleur insignifiante une montagne
[de souffrance.

CRÉON.
Chère sœur, Œdipe, ton mari, me réserve

1. *J'ai une part moi aussi dans cette ville* : Créon fait valoir ses droits ; Œdipe a obtenu le pouvoir par délégation, mais lui, frère de Jocaste, a sa part de souveraineté royale.

un traitement atroce ; entre deux maux il a choisi :
ou m'expatrier, ou m'arrêter pour me mettre à mort.

ŒDIPE.

C'est vrai. Je l'ai surpris en train de mal agir :
contre ma personne il montait une machination dia-
[bolique.

CRÉON.

Que toute joie me soit refusée ! que je meure à l'instant
[même, victime
de ma malédiction, si j'ai rien fait contre toi de ce que tu
[prétends !

JOCASTE.

Au nom des dieux, Œdipe, crois-le sur parole,
par respect pour ce serment qui l'engage envers les
[dieux,
par respect pour moi et tous ces gens à nos côtés.

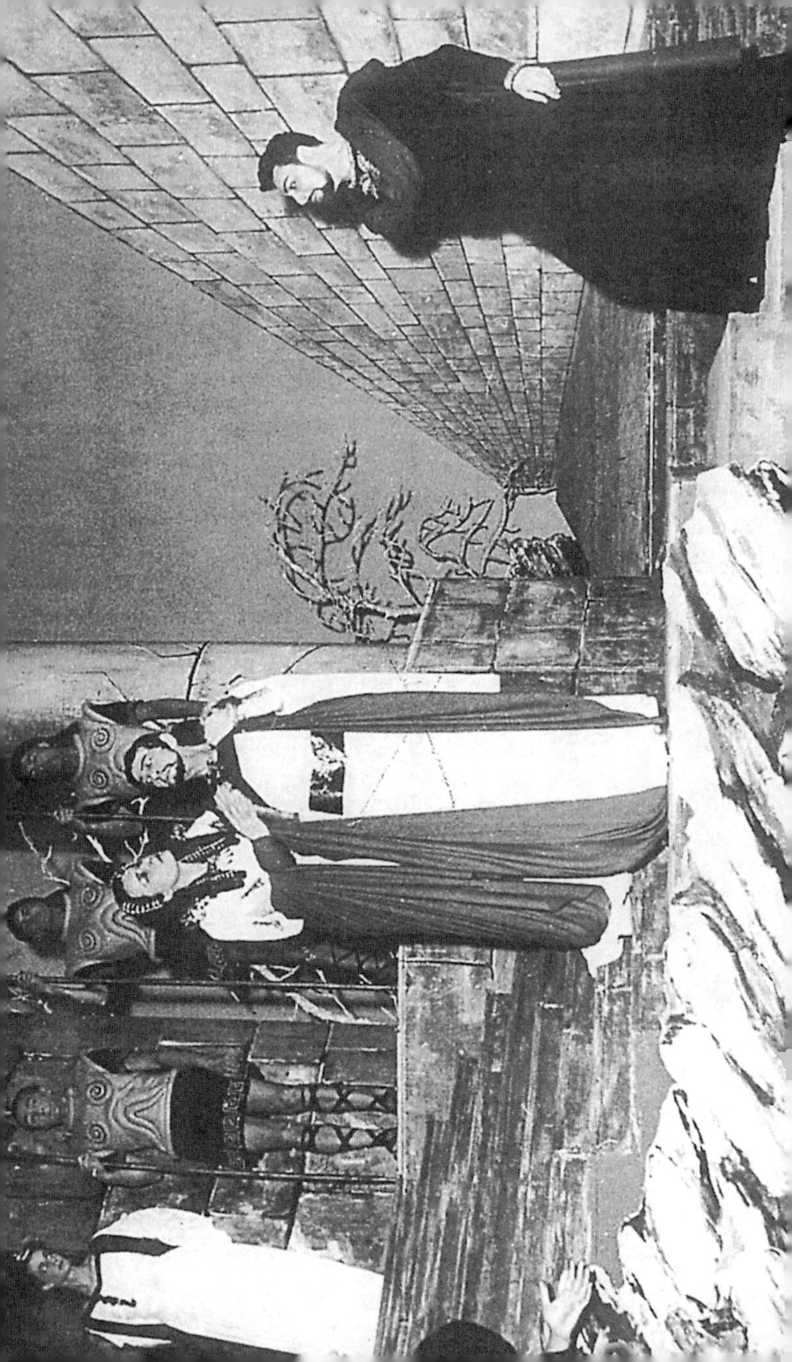

KOMMOS•

STROPHE

LE CHŒUR•.
Consens, prince, exerce ta bienveillance,
exerce ton bon sens, je t'en supplie.

ŒDIPE.
Que veux-tu donc que je t'accorde ?

LE CHŒUR.
Des égards pour cet homme : jamais il ne fut un sot,
et il a pour lui maintenant la force d'un serment.

ŒDIPE.
Sais-tu bien ce que tu demandes ?

LE CHŒUR.
Oui, je le sais.

ŒDIPE.
Explique ta pensée.

LE CHŒUR.
Ce parent, que son serment rend sacré, ne va pas
[l'accuser
à la légère, ne le jette pas dans le déshonneur !

ŒDIPE.
Sache-le bien, quand tu formules ce désir,
tu réclames ma mort ou mon exil loin de ce pays.

LE CHŒUR.
Non ! ô toi le premier de tous les dieux,
divin Hélios, je t'en conjure : que je meure sans dieux,
[sans amis,
que j'aie la pire des morts, si telle est ma pensée !
Dans mon malheur, cette terre dévastée met mon âme
à l'agonie si, catastrophe sur catastrophe,

le fléau d'hier s'aggrave de votre présente querelle.

ŒDIPE.
Qu'il parte donc ! même s'il me faut, au bout du compte, [trouver la mort,
ou quitter de force ce pays, réduit au déshonneur.
C'est ton discours et non le sien qui suscite mon émoi,
ma pitié. Lui, où qu'il soit, je le poursuivrai de ma haine.

CRÉON.
Tu cèdes, c'est visible, la mort dans l'âme ; mais quelle [violence
quand tu te laisses emporter par la colère ! Il est vrai que [des natures comme la tienne
s'infligent, par un juste retour des choses, de profondes [souffrances.

ŒDIPE.
Me laisseras-tu tranquille ? Disparais loin d'ici !

CRÉON.
Je m'en vais de ce pas,
méconnu de toi, mais toujours le même aux yeux de tous [ces gens[1].

(Créon sort.)

ANTISTROPHE

LE CHŒUR•.
Pourquoi tardes-tu, femme, à le conduire dans le palais ?

JOCASTE.
Je veux savoir ce qui s'est passé.

1. *le même aux yeux de tous ces gens* : un homme irréprochable.

Le Chœur•.
Une dispute a surgi, gonflée de mots, dénuée de tout fondement,
mais une accusation, même injuste, blesse profondément.

Jocaste.
L'accusation a-t-elle été lancée des deux côtés ?

Le Chœur.
Oui.

Jocaste.
Et que se disaient-ils ?

Le Chœur.
C'est assez, bien assez à mon sens si, dans la désolation qui frappe notre pays,
on en reste à ce point de la discussion.

Œdipe *(au chœur)*.
Vois où tu en arrives : tu affiches les meilleures intentions,
mais tu négliges ma cause, tu brises l'élan de ton cœur.

Le Chœur.
Non, prince, à maintes reprises je te l'ai dit :
si je t'abandonne, sois-en sûr,
on ne verrait en moi qu'incohérence, qu'incapacité à diriger ma raison.
Car toi, quand mon pays, pris dans le flot du malheur, partait à la dérive,
tu l'as remis sous un vent favorable.
Aujourd'hui encore, si tu le peux, sois ce pilote d'élite.

Œdipe et le Sphinx, *illustration de Jean Cocteau, Bibliothèque Nationale.*

FIN DU DEUXIÈME ÉPISODE•

JOCASTE.
Au nom des dieux, apprends-moi, prince,
ce qui te met une telle rage au cœur.

ŒDIPE.
Je vais te le dire, – plus que ceux-là, tu as droit à mon
[respect –
C'est Créon, et son complot contre moi.

JOCASTE.
Parle, que je voie si tu t'expliques clairement quand tu
[mets en cause cette querelle.

ŒDIPE.
Il dit que c'est moi le meurtrier de Laïos.

JOCASTE.
S'agit-il d'une conviction personnelle, ou d'une informa-
[tion rapportée ?

ŒDIPE.
Il a envoyé le devin pour répandre le mal, car lui,
soucieux de sa personne, il s'est gardé de tout mot
[accusateur.

JOCASTE.
Tu peux te libérer des accusations dont tu parles :
écoute-moi et apprends
comme tout ce qui concerne la vie humaine échappe à
[l'art divinatoire.
En voici les preuves en quelques mots.
Un oracle, autrefois, parvint à Laïos, non pas
de Phoibos lui-même, mais par l'intermédiaire de ses
[serviteurs :
la destinée qui l'attendait, c'était de mourir sous les
[coups du fils
qui allait naître de son union avec moi.

Mais Laïos, le bruit s'en est répandu, a été tué
par des étrangers, des brigands, à la croisée de trois [chemins[1].
Quant à l'enfant, trois jours ne s'étaient pas écoulés [depuis sa naissance,
que Laïos lui attacha les chevilles
et chargea quelqu'un de l'exposer sur une montagne [déserte.
Apollon, dans ce cas précis, n'a donc pas fait aboutir [l'oracle :
le fils n'est pas devenu le meurtrier de son père, et Laïos
n'est pas mort de la main de son fils, chose atroce qu'il [redoutait tant !
C'était pourtant bien ce qu'avaient fixé les paroles pro- [phétiques !
Allons, n'y prête aucune importance ! Le nécessaire [accomplissement
de ce qu'elle recherche, la divinité le réalisera sans [aucune peine.

ŒDIPE.
Quel trouble, femme, tes propos jettent soudain dans [mon âme,
quel bouleversement au fort de ma pensée !

JOCASTE.
Quelle préoccupation te revient subitement à l'esprit ?

ŒDIPE.
Tu as dit, si j'ai bien entendu, que Laïos
a été assassiné à la croisée de trois chemins ?

JOCASTE.
C'est ce qu'on a raconté alors, et on continue à le dire.

ŒDIPE.
Dans quelle région l'incident s'est-il produit ?

1. *à la croisée de trois chemins* : ces trois chemins résultent en fait de la rencontre de deux routes (cf. v. 734) : Delphes/Thèbes/Daulie.

JOCASTE.
En Phocide, c'est ainsi qu'on nomme cette terre. C'était
[à l'endroit où se rejoignent
deux routes, celles qui viennent de Delphes et de Daulie.

ŒDIPE.
Combien de temps s'est-il écoulé depuis ?

JOCASTE.
L'événement a été proclamé dans la ville peu de temps
avant qu'on ne te voie prendre en main le gouverne-
[ment de ce pays.

ŒDIPE.
Ô Zeus, quel projet as-tu nourri à mon sujet ?

JOCASTE.
Qu'est-ce donc qui te soucie, Œdipe ?

ŒDIPE.
Ne m'interroge pas encore. Dis-moi plutôt quelle taille
avait Laïos, quel âge il avait atteint.

JOCASTE.
Il était grand, ses cheveux commençaient à peine à
[blanchir ;
D'apparence, il n'était pas très différent de toi.

ŒDIPE.
Hélas ! malheur sur moi ! tout à l'heure, sans le savoir,
j'ai fait de moi, je pense, la proie de mes terribles malé-
[dictions !

JOCASTE.
Que dis-tu ? Je tremble quand je te regarde, prince.

ŒDIPE.
C'est affreux, j'ai peur que le devin n'ait vu clair.
Mais tu me le prouveras mieux, si tu me dis une chose
[encore.

JOCASTE.
Je frémis, mais dis-moi ce que tu veux savoir, je te
[répondrai.

ŒDIPE.

Voyageait-il en simple équipage, ou avec une importante
[escorte, comme un roi?

JOCASTE.

Ils étaient cinq en tout, dont un héraut[1].
Une seule voiture attelée portait Laïos.

ŒDIPE.

Hélas! hélas! tout devient clair. Mais qui
vous a rapporté ces informations, femme?

JOCASTE.

Un serviteur qui est rentré, le seul survivant.

ŒDIPE.

Est-il toujours au palais?

JOCASTE.

Non. Une fois revenu de là-bas, quand il te vit
au pouvoir à la place de Laïos qui était mort,
il me saisit vivement la main et me supplia
de l'envoyer aux champs faire paître les troupeaux.
Il voulait être le plus loin possible de Thèbes.
Je l'ai laissé partir : un esclave comme lui
méritait bien cette faveur, sinon davantage.

ŒDIPE.

Pourrait-on le faire venir au plus vite parmi nous?

JOCASTE.

C'est possible. Mais pourquoi ce désir?

ŒDIPE.

J'ai peur pour moi, femme, de t'avoir suffisamment fait
[comprendre
pourquoi je voulais le voir.

1. *héraut* : serviteur ayant un statut privilégié auprès du roi. Il assure sa protection et proclame ses messages.

JOCASTE.

Il viendra. Mais ne suis-je pas digne, moi aussi,
d'apprendre ce qui tourmente ta conscience, prince ?

ŒDIPE.

Sois sans crainte, je ne t'opposerai pas un refus : je
[n'aspire
qu'à ces confidences. À qui plutôt qu'à toi,
à quel meilleur interlocuteur pourrais-je m'adresser au
[fort de l'épreuve ?
Écoute. Mon père était Polybe, de Corinthe,
et ma mère une Dorienne, Méropé. J'occupais là-bas
le plus haut rang parmi les citoyens, quand survint
un incident. Il méritait certes mon étonnement,
mais non le vif intérêt que j'y portai.
Lors d'un banquet, un homme qui avait bu outre mesure
m'interpelle : échauffé par le vin, il me traite d'enfant
[supposé.
L'offense me fut cruelle, et j'eus du mal, le jour même de
[l'incident,
à garder mon sang-froid, mais le jour suivant, j'allai
[trouver
ma mère et mon père pour en avoir le cœur net.
Ils s'indignèrent contre l'insolent qui avait lancé
[l'injure.
Leur attitude m'apporta du réconfort ; néanmoins
je sentais encore la brûlure de l'offense : elle se frayait
[un sûr chemin au fond de moi.
Sans rien dire à ma mère ni à mon père, je prends donc
[la route
de Pythô. Or là, Phoibos me congédia
sans daigner répondre à ma question, mais après
[m'avoir révélé, en toute lumière,
le lot de souffrances, d'horreurs et de calamités qui
[serait le mien :
j'aurais des rapports sexuels avec ma mère, je produirais
[au jour
une race que les hommes n'oseraient pas regarder en
[face,
et je serais le meurtrier de mon propre père !
Instruit de ces révélations, je me guidai

d'après les astres et m'éloignai pour toujours de
[Corinthe,
à la recherche d'un lieu où jamais je ne verrais réalisée
la honte de ces oracles maudits, qui planaient sur moi.
Mes pas me conduisent alors à l'endroit précis où
tu affirmes que ce roi a trouvé la mort.
Je vais te dire, femme, comment les choses se sont réel-
[lement passées.
Alors que j'étais parvenu à la croisée des trois chemins
[dont tu as parlé,
je voyais venir en face de moi[1] un héraut et, bien tel que
[tu l'as dit,
un homme monté sur une voiture tirée par de jeunes
[chevaux.
Le cocher ainsi que le vieillard lui-même
voulaient me forcer à m'écarter de la route.
Saisi de colère, moi je frappe celui qui me repoussait,
le conducteur du char. Mais voilà que le vieillard, quand
[il me voit passer
tout près du char, me guette et me donne
un coup de son double aiguillon, en plein sur la tête !
Il eut plus qu'il n'en méritait ! Un coup de bâton
que de mon bras je lui assenai sans attendre, le fait tom-
[ber à la renverse,
et, du milieu du char, il roule directement à terre.
Je les tue tous[2]. Or, s'il faut faire un rapprochement
entre cet étranger et Laïos,
quel homme est plus à plaindre que moi ?
quel homme, plus que moi, les dieux pourraient-ils haïr ?
Aucun étranger, aucun citoyen n'a le droit
de me recevoir chez lui, ni de m'adresser la parole,
de toutes les maisons je serai chassé. Et ces paroles de
[malheur, ces malédictions,
nul autre que moi ne les a proférées contre moi-même !
Je souille l'épouse du défunt quand je la tiens

1. *je voyais venir en face de moi* : Œdipe et Laïos se croisent sur la même route : l'un vient de Delphes, l'autre de Thèbes en direction de Delphes.

2. *Je les tue tous* : quatre des cinq hommes en réalité, puisque le berger, pris de peur, s'est enfui (v. 118).

dans mes bras qui ont été l'instrument du meurtre. Le mal est-il donc en moi ?
Ne suis-je pas totalement impur, s'il me faut m'exiler
et, dans mon exil, ne pouvoir ni rendre visite à ma famille
ni fouler le sol de ma patrie, car je risquerais d'épouser
ma mère et de tuer mon père,
Polybe, qui m'a engendré et élevé ?
Ce sort qui s'acharne contre moi, ne pourrait-on pas dire,
sans risque de se tromper, qu'il est dicté par une divinité cruelle ?
Non ! jamais je ne veux voir, ô sainte majesté des dieux,
un tel jour ! Plutôt disparaître à tout jamais
de la vue des hommes, que de me voir atteint
par la souillure d'un tel malheur !

LE CHŒUR.
Oui, tout cela est inquiétant, prince. Attends cependant
que l'homme soit arrivé pour l'interroger, et jusque-là garde bon espoir.

ŒDIPE.
Oui, c'est ma seule et unique raison d'espérer :
attendre ici cet homme, ce berger.

JOCASTE.
Mais quand il sera là, qu'espères-tu de lui ?

ŒDIPE.
Je vais te l'apprendre : s'il confirme
ce que tu dis, je serai libéré de mes tourments.

JOCASTE.
Qu'as-tu relevé de si important dans mes propos ?

ŒDIPE.
Il affirmait, disais-tu, que Laïos avait été tué
par des brigands. Par conséquent, s'il maintient

ce pluriel[1], ce n'est pas moi le meurtrier :
car entre un homme ou plusieurs, la différence est [grande.
S'il parle au contraire d'un seul homme, d'un voyageur [solitaire, il est clair
que tous les soupçons se portent sur moi.

JOCASTE.
C'est bien en ces termes qu'il a exposé l'affaire, sois-en [sûr,
et il ne lui est pas possible de revenir sur sa déposition,
car toute la ville l'a entendue, je n'étais pas la seule.
Mais, même au cas où il apporterait une modification à [son rapport,
jamais il n'établira, prince, que la mort de Laïos
s'est produite en droite conformité avec la loi divine, [puisque Loxias
a dit dans ses prophéties qu'il devait mourir de la main [de mon fils.
Ce n'est pourtant pas lui, le malheureux,
qui l'a tué, vu qu'il était mort bien avant !
Aussi, à l'avenir, je ne me soucierais, moi,
pas plus de cette prophétie que de celle-là[2] !

ŒDIPE.
Tu raisonnes juste. Envoie cependant quelqu'un
chercher cet homme de peine. N'y manque pas.

JOCASTE.
Je m'en charge tout de suite. Mais rentrons dans le [palais,
viens, moi je ne ferai jamais rien qui ne te soit pas [agréable.

(Œdipe et Jocaste rentrent.)

1. *ce pluriel* : le berger a en fait menti aux Thébains sur les circonstances du meurtre, sans doute pour justifier sa fuite.
2. *que de celle-là* : sceptique, Jocaste récuse aussi bien la prophétie faite à Laïos que celle rendue à Œdipe.

Questions

Compréhension

• Créon et le chœur* (vers 513 à 531)

1. *Comment expliquez-vous le retour sur scène de Créon ?*

2. *Quelle est l'attitude du chœur à son égard ?*

• Œdipe-Créon-Jocaste (vers 531 à 649)

3. *Peut-on croire à la loyauté de Créon ?*

4. *Distinguez les différents arguments de son plaidoyer (vers 583 à 615).*

5. *Comment s'achève la querelle entre les deux rois ?*

6. *Quels sont les effets de l'intervention de la reine Jocaste ?*

7. *Relevez les scènes à trois personnages de la pièce. À quel moment sont-elles situées ?*

• Le kommos* (vers 649 à 696)

8. *Expliquez la place du chant du chœur. Quelle influence ce chant a-t-il sur Œdipe ?*

• Œdipe-Jocaste (vers 697-863)

9. *Précisez l'attitude de la reine vis-à-vis des oracles.*

10. *Dans quel but Jocaste raconte-t-elle l'oracle à Œdipe ? Quels sont les effets pervers de ce récit sur lui ?*

11. *Pourquoi Jocaste néglige-t-elle la partie de l'oracle qui la concerne ? Formulez des hypothèses.*

12. *Quelle révélation importante Œdipe néglige-t-il ? Pourquoi ?*

13. *Pour quelles raisons Jocaste ne parle-t-elle pas de son rôle dans la décision d'exposer l'enfant ?*

14. *Vers 771 à 833 : Quelles sont les hypothèses formulées par Œdipe à ce moment de l'action ? Quand le trouvez-vous pathétique ?*

15. *Qu'attend Œdipe du témoignage du berger ?*

Écriture

16. *Pourquoi Créon et le chœur parlent-ils d'Œdipe sans le nommer ? Relevez les expressions impersonnelles utilisées.*

17. *Relevez les phrases proverbiales du langage de Créon.*

18. *Relevez les paroles à double sens de Jocaste et les phrases énigmatiques de son discours.*

19. *Rapprochez les vers 813 à 833 de la malédiction proférée par Œdipe dans le 1er épisode : quelles remarques ce rapprochement vous inspire-t-il ?*

Mise en scène

20. *Quels jeux de scène imagineriez-vous pour le duel de Créon et d'Œdipe ?*

Portrait sculpté de Sophocle, musée de Latran, Rome.

DEUXIÈME STASIMON•

STROPHE 1

Puissé-je vivre ma destinée
en conservant la sainte pureté[1] enchâssée dans mes [paroles
et dans tous mes actes, car ils obéissent aux lois
inscrites là-haut. Dans l'éther
céleste, ces lois ont pris naissance, engendrées
par le seul Olympe. L'humaine
et mortelle nature
ne les a pas mises au monde, et jamais l'oubli
ne jettera sur elles le voile du sommeil,
car un dieu, puissant, est en elles, un dieu éternellement [jeune.

ANTISTROPHE 1

La démesure[2] enfante le tyran. La démesure,
quand elle se gonfle de vaine abondance,
là où il n'est rien d'opportun ni de profitable,
grimpe vers les sommets,
mais, soudain, elle roule dans un abîme de misères,
et elle y perd pied.
Mais ces magnifiques efforts
qui ont été déployés pour sauver la cité,
je demande au dieu, surtout, de ne pas les interrompre.
Et ce dieu, moi, je le garderai toujours comme mon [protecteur.

---

1. *la sainte pureté* : face à l'horreur des crimes commis et à l'impiété grandissante, le chœur en appelle à la pureté des lois divines.
2. *La démesure* : La fameuse *hybris* qui, poussant les hommes à vouloir dépasser les limites imposées à la nature, appelle un châtiment divin.

STROPHE 2

Quiconque, en actions
ou en paroles, s'est engagé sur la voie du mépris,
sans aucune crainte de la Justice,
sans aucun respect des lieux sacrés,
puisse-t-il être la proie d'un destin cruel,
en châtiment de son fol orgueil,
dès lors qu'il ne pense qu'à des gains malhonnêtes,
qu'il prend le chemin de l'impiété
ou qu'il attente à l'inviolable, pure folie !
En de tels agissements, qui pourrait, avec la meilleure volonté,
se prémunir des coups qui guettent son existence ?
Si vraiment de telles pratiques sont en honneur,
à quoi me sert de former des chœurs ?

ANTISTROPHE 2

Non ! je n'irai plus jusqu'au nombril
sacré de la terre[1], témoigner de mon respect,
je n'irai plus aux temples d'Abae[2]
ni d'Olympie[2],
si tous les hommes, d'un commun accord,
ne dénoncent pas ces façons d'agir !
Ô dieu tout-puissant, si ta réputation est bien fondée,
ô Zeus maître du monde, ne te laisse pas duper
dans ton autorité de toujours, éternelle !
Vois comme elles se meurent, rejetées,
les prophéties concernant Laïos,
vois, Apollon n'est plus dans la lumière des honneurs.
Le respect des dieux s'en est allé !

---

1. *nombril sacré de la terre* : le sanctuaire de Delphes, dédié à Apollon.
2. *temples d'Abae, d'Olympie* : Apollon avait un sanctuaire à Abae, en Phocide, Zeus avait le sien à Olympie, en Élide.

Questions

Compréhension

1. *Quel est le rôle du chœur• dans ce deuxième stasimon• ? Que doit-il rappeler ?*

2. *Comment apparaissent les dieux, dans le théâtre de Sophocle, à travers ce texte ? Vous étudierez la strophe 1.*

3. *Pensez-vous que la strophe 2 concerne Œdipe ? Justifiez votre point de vue.*

4. *Comment expliquez-vous le désarroi du chœur ?*

Écriture

5. *Essayez d'interpréter l'image des vers 875 à 878.*

Étude pour Œdipe et le Sphinx *de Gustave Moreau, musée Gustave Moreau.*

Bilan

L'action

• Ce que nous savons

Les arguments de Créon n'ont pu convaincre Œdipe qui le condamne à l'exil. Nous avançons inexorablement vers la catastrophe car «le nécessaire accomplissement de ce qu'elle recherche, la divinité le réalisera sans aucune peine» *(vers 724-725).*

Premier coup de théâtre : Jocaste, en voulant rassurer Œdipe, révèle un détail apparemment insignifiant sur la mort de Laïos. Il a été tué «à la croisée de trois chemins»*; or Œdipe se souvient d'avoir tué un homme à un carrefour sur la route de Pythô.*

L'angoisse naît chez Œdipe qui se demande s'il n'est pas le meurtrier. On ne sait si Laïos a été tué par un seul homme ou par plusieurs. La date du meurtre est connue : c'était peu de temps avant la prise de pouvoir par Œdipe.

Malgré elle, Jocaste s'est faite l'artisan du destin.

• À quoi nous attendre ?

La catastrophe s'est mise en marche, nous attendons la confrontation d'Œdipe et du berger, seul témoin survivant du meurtre de Laïos. Mais Sophocle, pour ménager ses effets, la retarde : elle n'aura lieu que dans le quatrième épisode. Vers quel nouveau coup de théâtre nous conduit-il ?

Les personnages

• Ce que nous savons

• Dans cet épisode, ***Œdipe*** *manifeste son caractère impulsif (vers 673 à 676). Parti à la hâte de Corinthe, après avoir été traité d'enfant supposé, il s'emporte sur la route de Pythô contre les voyageurs qui lui barrent le chemin, et les tue tous.*

La parole des autres personnages le révèle à lui-même, le respect avec lequel on lui parlait, dans le prologue, a fait place à la violence. Il se trompe d'adversaire en accusant Créon et n'a pas encore compris qu'il est son propre adversaire. Créon est le représentant de l'humanité moyenne qui préfère avec sagesse les avantages du pouvoir à son exercice («je sais limiter mes désirs»)*. Sa modération s'oppose à l'*hubris *d'Œdipe. Il n'est pas sans noblesse, et la force de son serment final montre sa fidélité au code*

de l'honneur. Œdipe commet une erreur politique en se défiant de lui. Créon quitte la scène avec dignité.
• ***Jocaste*** *s'efforce d'apaiser la querelle d'Œdipe et de Créon. Elle fait preuve d'un dévouement sans limite pour Œdipe. Elle cherche à le rassurer et l'exhorte à ne pas s'inquiéter de l'oracle, elle n'accorde elle-même aucun crédit à l'art divinatoire. Mais elle est aussi un personnage tragique, comme le dit Georges Hoffman (*Sophocle, Œdipe Roi, *coll. «Études Littéraires», P.U.F., 1990) :* «Œdipe Roi est la tragédie d'un accouchement et en ce jour de naissance et de mort un rôle majeur est joué à son insu par la tragique figure de la mère.»
• *Le fantôme du roi* ***Laïos*** *est très présent dans cet épisode.*

• À quoi nous attendre ?

Un pan du passé d'Œdipe a été dévoilé. Œdipe commence à remonter le temps, du passé récent au passé plus lointain. Nous nous sentons proches de ce personnage, et la terreur nous saisit devant l'acharnement qu'il met à conduire l'enquête. Par la parole de quel(s) personnage(s) Œdipe progressera-t-il vers la connaissance de soi et, par là-même, vers la vérité ?

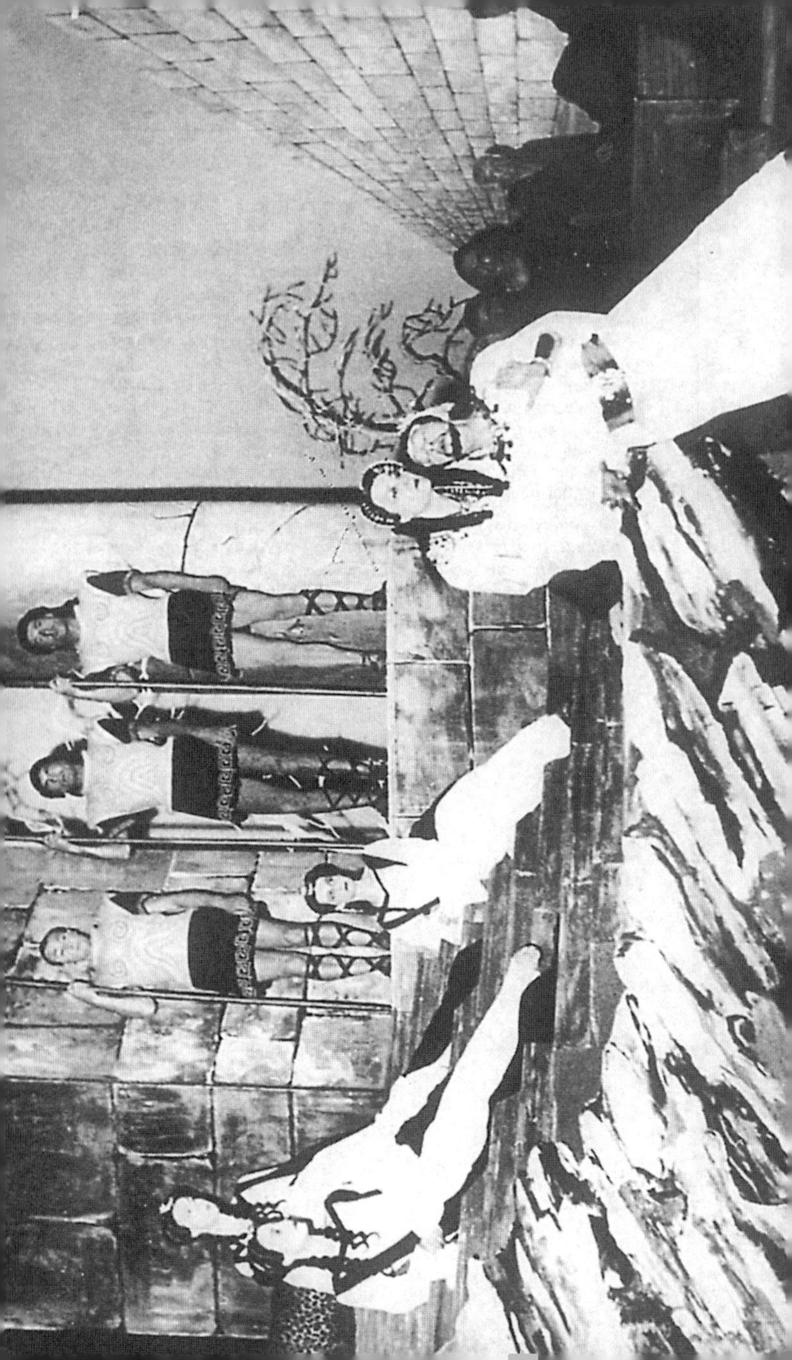

TROISIÈME ÉPISODE•

JOCASTE.

Chefs de ce pays, j'ai pris l'initiative
d'aller aux temples des dieux, les mains chargées
de ces guirlandes et de ces parfums.
Le cœur d'Œdipe s'enfle trop facilement
de mille inquiétudes ; contre tout bon sens
il ne s'appuie pas sur le passé pour juger du présent.
Il est tout à celui qui lui parle, dès lors qu'on réveille ses
[angoisses.
Voyant mes recommandations rester sans effet,
c'est à toi que je m'adresse, dieu lycien, Apollon, car tu
[est notre voisin[1].
Je viens, suppliante, te présenter ces offrandes,
avec l'espoir que tu nous apporteras une sainte déli-
[vrance.
Car tous nous souffrons quand nous voyons Œdipe
pris de panique comme un pilote qui ne saurait plus
[diriger son navire.

LE MESSAGER CORINTHIEN.

Étrangers, pourriez-vous m'indiquer
où se trouve le palais d'Œdipe, votre roi ?
et surtout, si vous le savez, où je peux le rencontrer, lui ?

LE CHŒUR•.

Voici sa demeure, il est à l'intérieur, étranger.
Mais cette femme que tu vois est la mère de ses enfants.

LE MESSAGER CORINTHIEN.

Puisse-t-elle, si elle est l'épouse accomplie du roi, être
[heureuse
à jamais, au sein d'une famille heureuse !

---

1. *tu es notre voisin* : la statue d'Apollon est proche du palais royal.

JOCASTE.
Puisses-tu l'être aussi, étranger : tes souhaits de bonheur
te valent bien ces égards. Mais dis-nous
l'objet de ta visite : qu'as-tu à nous apprendre ?

LE MESSAGER CORINTHIEN.
De bonnes nouvelles pour ta maison et ton mari, reine.

JOCASTE.
Quelles nouvelles ? Et qui t'a envoyé ?

LE MESSAGER CORINTHIEN.
J'arrive de Corinthe. Mon message
te réjouira, c'est fort probable, mais il est fort probable
[aussi qu'il t'attriste.

JOCASTE.
Quel est donc ce message ? Que peut-il contenir, s'il est
[à la fois bon et mauvais comme tu le dis ?

LE MESSAGER CORINTHIEN.
Les gens de l'Isthme vont proclamer Œdipe
roi de leur pays, c'est le bruit qui courait là-bas.

JOCASTE.
Comment ? Le vieux Polybe n'est donc plus en mesure
[de régner ?

LE MESSAGER CORINTHIEN.
Non, la mort l'a couché dans la tombe.

JOCASTE.
Que dis-tu ? Polybe est décédé ?

LE MESSAGER CORINTHIEN.
Que je meure, moi, si je ne dis pas la vérité !

JOCASTE *(à une esclave)*.
Va, servante ! Dépêche-toi ! Va annoncer tout cela
à ton maître. Ô oracles divins,
où êtes-vous ? Depuis longtemps Œdipe fuyait Polybe,
tant il craignait de le tuer, et voici maintenant qu'il est
[mort,

atteint par le sort, et non frappé par son fils.
(Œdipe sort du palais.)

ŒDIPE.
Jocaste, ma femme, ma bien aimée,
dis-moi pourquoi tu m'as envoyé chercher dans le [palais.

JOCASTE.
Écoute cet homme, écoute-le bien et vois
ce qu'il est advenu des saintes prédictions du dieu.

ŒDIPE.
Qui est-ce, cet homme ? Qu'a-t-il à me dire ?

JOCASTE.
Il arrive de Corinthe, il vient t'annoncer que ton père,
Polybe, n'est plus : il est dans la tombe.

ŒDIPE.
Que dis-tu, étranger ? Parle, informe-moi.

LE MESSAGER CORINTHIEN.
Si je dois d'abord annoncer clairement la nouvelle,
tu peux en être sûr, Polybe est bien mort.

ŒDIPE.
A-t-il été victime d'un attentat ? ou avait-il contracté une [maladie ?

LE MESSAGER CORINTHIEN.
Le moindre choc suffit à terrasser le corps d'un vieillard !

ŒDIPE.
Le malheureux ! la maladie l'a donc emporté, à ce que je [vois.

LE MESSAGER CORINTHIEN.
Et le compte de ses longues années.

ŒDIPE.
Ah ! femme, à quoi sert de porter ses regards

vers le foyer prophétique de Pythô ? À quoi sert de
[scruter
les cris des oiseaux, haut dans le ciel ? N'indiquaient-ils
[pas
que je devais, moi, tuer mon père ? Or celui-ci est mort,
enseveli au profond de la terre, et moi je suis ici,
sans avoir touché une seule épée ! À moins que, se lan-
[guissant de moi,
il ne soit mort de chagrin, et ainsi je serais la cause de sa
[mort ?
Mais Polybe, c'est certain, repose chez Hadès, et il a
[emporté avec lui
tous ces oracles, devenus caducs.

JOCASTE.

N'est-ce pas ce que je te disais depuis longtemps ?

ŒDIPE.

Oui, mais la peur m'égarait.

JOCASTE.

Allons, désormais, ne te laisse plus tourmenter par tout
[cela.

ŒDIPE.

Mais l'union avec ma mère, comment ne devrais-je pas
[la craindre ?

JOCASTE.

Quelle raison d'avoir peur, quand on voit que la vie
[humaine
est dominée par le hasard et qu'elle échappe à toute sûre
[prévision ?
Le mieux est de vivre selon ses propres désirs, comme
[on le peut.
Ne sois donc plus obsédé par cette idée de mariage avec
[ta mère :
bien des hommes, déjà, ont dans leurs rêves
couché avec leur mère. À qui sait ne pas se formaliser
de ces visions, l'existence devient très facile.

ŒDIPE.
Voilà qui serait bien parlé,
si celle qui m'a mis au monde n'était plus en vie. Seule-
[ment,
elle vit : nécessairement donc, et en dépit de tes belles
[paroles, je dois avoir peur.

JOCASTE.
Cependant, la tombe de ton père est comme un œil
[grand ouvert qui nous éclaire[1].

ŒDIPE.
Oui, j'en conviens. Mais ma mère est en vie et j'ai peur.

LE MESSAGER CORINTHIEN.
Quelle femme, dites-moi, vous cause toutes ces
[angoisses ?

ŒDIPE.
C'est Méropé, vieillard, la femme avec qui vivait Polybe.

LE MESSAGER CORINTHIEN.
Et qu'avez-vous à redouter à son sujet ?

ŒDIPE.
Un oracle, terrible, envoyé par les dieux, étranger.

LE MESSAGER CORINTHIEN.
Peut-il être divulgué ? ou bien doit-il être tenu secret ?

ŒDIPE.
On peut le révéler : Loxias autrefois m'a dit
que je coucherais avec ma propre mère
et que je verserais le sang de mon propre père.
Voilà pourquoi j'ai émigré depuis longtemps
loin de Corinthe, et cela m'a porté chance. Comme il
[me serait doux,

---

1. *qui nous éclaire* : la mort de Polybe, non conforme aux prophéties, est un signe favorable : elle doit débarrasser Œdipe de ses craintes concernant l'inceste.

cependant, de voir les yeux de mes parents[1] !

LE MESSAGER CORINTHIEN.
C'est donc cette crainte qui te retenait loin de Corinthe ?

ŒDIPE.
Je ne voulais pas être le meurtrier de mon père, vieillard.

LE MESSAGER CORINTHIEN.
Que ne t'ai-je moi-même délivré de cette frayeur, prince,
puisque je suis venu ici pour t'être agréable !

ŒDIPE.
Sois certain que tu seras remercié comme tu le mérites.

LE MESSAGER CORINTHIEN.
Sois certain que je suis venu ici, poussé par le désir, essentiellement,
d'obtenir quelque avantage, une fois que tu seras rentré chez toi.

ŒDIPE.
Non ! jamais je n'irai là où se trouvent ceux qui m'ont donné le jour !

LE MESSAGER CORINTHIEN.
Mon enfant, tu ne sais visiblement pas ce que tu fais.

ŒDIPE.
Que veux-tu dire, vieillard ? Au nom des dieux, explique-toi !

LE MESSAGER CORINTHIEN.
Si c'est à cause d'eux que tu refuses de rentrer chez toi...

---

1. *les yeux de mes parents* : les yeux sont considérés comme la partie la plus précieuse du corps.

ŒDIPE.
Je tremble que Phoibos ne finisse par être véridique.

LE MESSAGER CORINTHIEN.
Tu redoutes donc une souillure au contact de tes
[parents ?

ŒDIPE.
C'est bien cela, vieillard, c'est cette peur qui m'obsède
[jour après jour.

LE MESSAGER CORINTHIEN.
Mais sais-tu bien que tu t'effraies sans juste raison ?

ŒDIPE.
Comment en serait-il autrement ? C'est bien à eux que je
[dois la vie ?

LE MESSAGER CORINTHIEN.
Mais puisque Polybe ne t'était rien par le sang !

ŒDIPE.
Que dis-tu ? Ce n'est pas Polybe l'auteur de mes jours ?

LE MESSAGER CORINTHIEN.
Ni plus ni moins que moi, ici présent.

ŒDIPE.
Mais comment mettre à égalité l'homme qui m'a engen-
[dré et celui qui ne m'est rien ?

LE MESSAGER CORINTHIEN.
Mais parce que ni lui ni moi ne t'avons engendré.

ŒDIPE.
Mais pourquoi, dans ce cas, m'appelait-il son fils ?

LE MESSAGER CORINTHIEN.
C'est qu'il t'avait reçu en cadeau de mes mains.

ŒDIPE.
Et après m'avoir ainsi reçu d'un autre, il m'a tendrement [chéri ?

LE MESSAGER CORINTHIEN.
Ce qui l'y a poussé, c'est le fait qu'il n'avait pas eu d'en- [fants.

ŒDIPE.
Mais toi, quand tu me donnes à lui, tu m'as acheté ou [bien tu m'as trouvé ?

LE MESSAGER CORINTHIEN.
Je t'ai découvert dans les replis boisés du Cithéron.

ŒDIPE.
Et pour quelle raison cheminais-tu en ces lieux ?

LE MESSAGER CORINTHIEN.
Je surveillais là les troupeaux de la montagne.

ŒDIPE.
Tu étais donc un berger nomade, au service d'un [maître ?

LE MESSAGER CORINTHIEN.
Un berger qui fut aussi ton sauveur, mon enfant, à cette [époque.

ŒDIPE.
Quelle était ma souffrance, quand tu me recueilles dans [ces circonstances affreuses ?

LE MESSAGER CORINTHIEN.
Tes pieds doivent encore en porter le témoignage.

ŒDIPE.
Hélas ! pourquoi me parles-tu de cette ancienne dou- [leur ?

LE MESSAGER CORINTHIEN.
C'est moi qui ai détaché tes liens : tu avais les extrémités des pieds transpercées.

ŒDIPE.
Quelle honte ! quelle infamie reçue dès mes premiers langes !

LE MESSAGER CORINTHIEN.
C'est de cette infortune que tu as tiré ton nom[1].

ŒDIPE.
Mais ce nom, qui me l'a donné ? ma mère ou mon père ? Parle, au nom des dieux !

LE MESSAGER CORINTHIEN.
Je l'ignore. Celui qui t'a remis entre mes mains est plus en mesure que moi de le retrouver.

ŒDIPE.
Car tu m'avais reçu d'un autre ? Tu ne m'avais pas trouvé toi-même ?

LE MESSAGER CORINTHIEN.
Non, c'est un autre berger qui te confia à moi.

ŒDIPE.
Ce berger, qui est-ce ? Saurais-tu préciser ce point ?

LE MESSAGER CORINTHIEN.
Mais oui, c'était un des hommes de Laïos, on le désignait ainsi.

ŒDIPE.
Du roi qui autrefois gouvernait cette terre ?

LE MESSAGER CORINTHIEN.
Absolument. Il faisait paître les troupeaux de cet homme-là.

---

1. *que tu as tiré ton nom* : Œdipe *(Oidípous)* signifie en grec « Pied-Enflé ».

ŒDIPE.
Est-il toujours en vie, que je puisse le voir ?

LE MESSAGER CORINTHIEN *(s'adressant au chœur•).*
Vous, gens de ce pays, vous devriez le savoir mieux que
[moi.

ŒDIPE *(au chœur).*
Y a-t-il parmi vous, qui vous trouvez ici à mes côtés,
quelqu'un qui connaisse le berger dont il parle ?
quelqu'un qui l'aurait vu aux champs ou même ici ?
Expliquez-vous : c'est l'occasion d'éclaircir cette affaire.

LE CHŒUR•.
Je pense qu'il s'agit du berger qu'on fait venir des
[champs,
celui que tu voulais voir tout à l'heure.
Mais cette femme, Jocaste, n'est pas la moins bien
[placée pour le dire.

ŒDIPE.
Femme, tu sais, cet homme qu'à l'instant
nous avons envoyé chercher et cet homme dont il
[parle...

JOCASTE.
À quoi bon savoir de qui il parle ! Chasse donc cette idée
[de ta tête !
Chasse de ta mémoire tout ce qui s'est dit, cela n'avance
[à rien !

ŒDIPE.
Non ! il est impensable qu'après avoir reçu
de tels indices, je n'éclaircisse pas le secret de ma nais-
[sance.

JOCASTE.
Non ! au nom des dieux, si tu te soucies de ta propre vie,
[ne t'obstine pas !

C'est bien assez de ma souffrance.

ŒDIPE.
Rassure-toi : même s'il s'avère que je suis fils d'esclave,
issu de trois générations d'esclaves, tu n'en auras aucun
[déshonneur.

JOCASTE.
Écoute-moi, cependant, je t'en supplie, ne fais pas une
[chose pareille !

ŒDIPE.
Non, je ne t'écouterai pas ! je veux tout savoir, tout !

JOCASTE.
Mais je sais ce dont je parle, et je te dis ce qu'il y a de
[plus avantageux pour toi.

ŒDIPE.
Tes solutions avantageuses m'excèdent, à la fin !

JOCASTE.
Infortuné ! Puisses-tu ne jamais savoir qui tu es !

ŒDIPE.
Va-t-on enfin m'amener ici ce berger ?
Laissez-la donc se glorifier de sa riche naissance !

JOCASTE.
Ah ! malheureux ! c'est bien le seul nom
que je puisse te donner ; aucun autre ne te convient
[désormais.

(Jocaste sort précipitamment.)

LE CHŒUR•.
Pourquoi ta femme est-elle partie, Œdipe, sous l'aiguil-
[lon
d'une sauvage douleur ? Je crains
que ce silence ne fasse éclater des malheurs.

ŒDIPE.

Qu'ils éclatent tous ces malheurs ! moi, je persiste à vouloir
connaître mon origine, si basse soit-elle.
Peut-être que, gonflée d'orgueil comme le sont les femmes,
elle rougit de mon humble naissance.
Moi, je me considère comme le fils de la Fortune,
de cette Fortune qui donne généreusement, et je n'en serai pas déshonoré.
Oui, c'est elle ma mère. Les mois parcourus depuis ma naissance
m'ont fait petit et grand[1].
Tel je suis né. Jamais il ne sera établi que je suis
autre, et jamais je ne renoncerai à connaître mon origine.

(Le chœur se rapproche d'Œdipe.)

1. *m'ont fait petit et grand* : Œdipe considère que sa vie s'est déroulée sous le signe de la chance : d'enfant trouvé il a été promu à la dignité royale.

Questions

Compréhension

1. *À qui s'adresse Jocaste ? Quelle est son attitude dans la détresse ? Comparez-la à celle d'Œdipe.*

2. *À quel renversement des rôles assiste-t-on (vers 924 à 926) ?*

3. *Comparez la prière de Jocaste à la parodos•.*

4. *Quelle est l'attitude de Jocaste vis-à-vis du messager ?*

5. *Pourquoi Œdipe peut-il sortir du palais ?*

6. *En quoi les prières de Jocaste (vers 911 à 923) et le message du corinthien sont-ils ambigus ?*

7. *Comment Jocaste se comporte-t-elle à l'égard d'Œdipe (vers 950 à 987) ?*

8. *Que pensez-vous de l'attitude d'Œdipe à l'annonce de la mort de son père supposé, Polybe ?*

9. *Quelle est la personnalité du messager ?*

10. *En quoi consiste le coup de théâtre ?*

11. *Œdipe comprend la signification de son nom, mais il ne sait toujours pas qui il est : quelles questions a-t-il encore à résoudre ?*

12. *Quelle est l'origine du malentendu entre Œdipe et Jocaste ?*

13. *Comment se manifeste l'aveuglement d'Œdipe à la fin de l'épisode ?*

Écriture

14. *Relevez un passage du texte commenté par Freud et ses disciples.*

15. *Commentez le vers 987 :* « Cependant la tombe de ton père est comme un œil grand ouvert qui nous éclaire. »

16. *Commentez l'apostrophe* « Mon enfant » *utilisée par le messager corinthien (vers 1008) qu'Œdipe traite de vieillard.*

17. *Quels personnages étaient désignés jusqu'à présent par le mot* « sauveur » *(cf. vers 1030) ?*

18. *Étudiez le dialogue entre Œdipe et Jocaste (vers 1054 et suivants).*

Mise en scène

19. *Que doit montrer le spectacle au tout début de l'épisode ?*

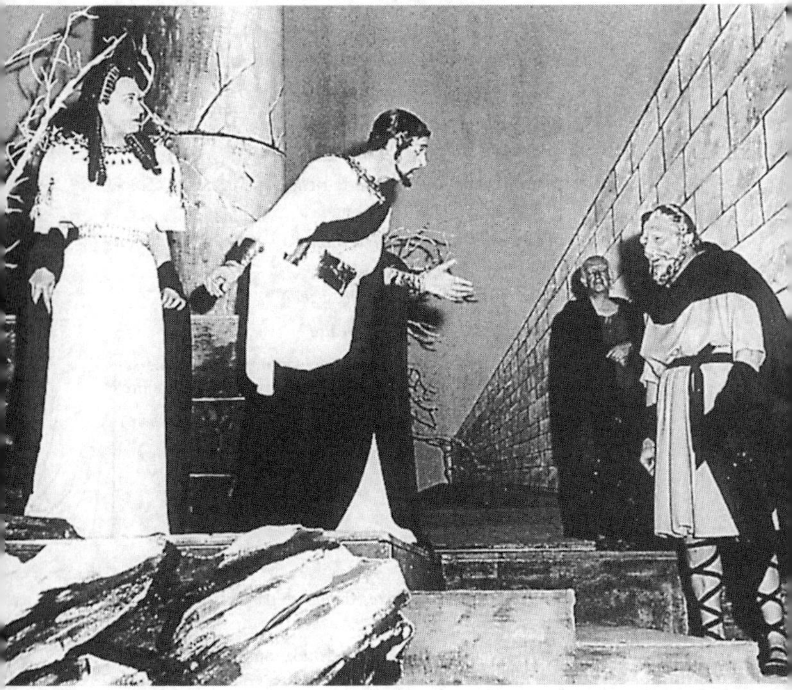

Représentation d'Œdipe Roi à la Comédie-Française, adaptation de Thierry Moulnier, 1952.

TROISIÈME STASIMON•

STROPHE 1

Si je suis devin,
si j'excelle dans ma perspicacité,
non ! par l'Olympe[1], tu ne seras plus, ô Cithéron,
un espace sans limites ! Dès demain,
à la pleine lune[2], tu seras glorifié, toi qui as même patrie
[qu'Œdipe,
toi sa nourrice, sa mère !
Dans nos chœurs nous te célébrerons, pour les bienfaits
accordés à notre roi.
Ah ! Phoibos, source de joie, puisses-tu toi aussi te
[réjouir de mes chants !

ANTISTROPHE 1

De qui, mon enfant, de qui tiens-tu le jour ?
De quelle nymphe immortelle ?
Laquelle s'est approchée de Pan,
lorsqu'il hantait la montagne ? Ou bien était-ce
une amante de Loxias ? lui qui se plaît sur les plateaux
[sauvages ?
Mais peut-être que le maître du Cyllène[3],
ou le dieu du délire bachique, établi sur les sommets,
t'aura reçu par hasard d'une des nymphes
de l'Hélicon, ses compagnes de jeux préférées ?

---

1. *l'Olympe* : c'est moins la montagne où siègent les dieux qu'un élément organisé du cosmos, capable d'ordonner la nature sauvage du Cithéron.
2. *à la pleine lune* : à la recherche de l'origine mythique d'Œdipe correspond, dans le cycle de la nature, une phase de plénitude.
3. *le maître du Cyllène* : le dieu Hermès né, comme son fils Pan, sur le Cyllène, montagne d'Arcadie.

Questions

Compréhension

1. *Pourquoi ce chant d'espoir est-il placé à ce moment de la tragédie ?*

2. *Comment le Cithéron peut-il faire figure de bienfaiteur pour Œdipe ?*

3. *Quels sont les dieux qui pourraient prétendre à la paternité de l'enfant ?*

4. *Quel sens prend ici l'exposition de l'enfant ?*

Écriture

5. *Comment expliquez-vous les vers 1091-1093 :* « toi qui as même patrie qu'Œdipe, toi sa nourrice, sa mère » ?

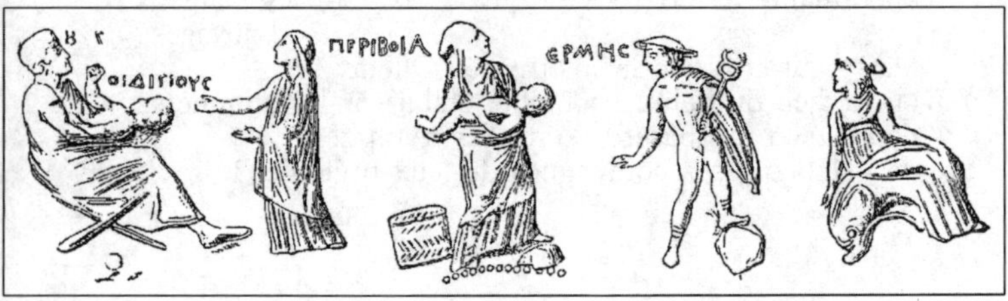

L'enfance d'Œdipe.

Bilan

L'action

• Ce que nous savons

L'enquête progresse. Œdipe est d'abord soulagé par le message de l'envoyé corinthien, puis désespéré en apprenant qu'il n'est pas le fils de Polybe. La question n'est plus : qui a tué Laïos ?, mais : qui suis-je ? Œdipe ignore qu'il s'agit de la même question. L'enfant trouvé cherche alors à découvrir ses origines, quelles qu'elles soient, et assaille Jocaste de questions. L'objectif de l'enquête est complètement déplacé.

Un des sommets tragiques de la pièce est atteint. Le malentendu entre époux ne peut être plus grand. La reine conseille à Œdipe de renoncer à l'enquête, mais pas pour les raisons qu'il suppose. Il s'imagine, en effet, qu'elle craint de connaître la bassesse de son extraction et la honte d'une telle mésalliance. Mais Œdipe se méprend sur son attitude sans en comprendre la grandeur : Jocaste essaie de le défendre contre lui-même et de préserver la vie de son époux. Elle sort précipitamment, courant vers son destin, en proie au désespoir qu'Œdipe, par son obstination à respecter ses serments et à se connaître lui-même, n'a pas vu.

La structure fondamentale de cet épisode est double. C'est une structure de renversement. D'abord soumis à la peur, nous passons ensuite au soulagement. Puis, coup de théâtre : l'angoisse ressurgit, bientôt remplacée par la confiance. Jocaste, qui essaie de rassurer Œdipe, s'effondre à la fin de la scène tandis qu'Œdipe effectue le chemin inverse de l'angoisse au rassérènement.

• À quoi nous attendre ?

Nous attendons depuis le second épisode la confrontation entre le berger et Œdipe, que ce dernier désire maintenant hâter. Cette rencontre est la dernière pièce de l'enquête. Tout s'accélère. Le chœur pressent des malheurs, la catastrophe est imminente.

Les personnages

• Ce que nous savons

« L'essentiel est ici la différence, si profondément saisie par le poète entre deux attitudes, féminine et masculine, face au destin » *(K. Reinhardt,* Sophocle, *Éditions de Minuit, 1971 pour la traduction).*

• ***Œdipe*** *remonte le temps, figuré par la route de Corinthe au Cithéron. Il revit en esprit ce voyage réellement accompli. Cette douloureuse remontée dans le temps lui fait perdre ses repères, et la confusion s'installe dans l'esprit autrefois sagace du déchiffreur d'énigmes.*

Le présent et le passé sont liés par la cicatrice qu'il porte aux pieds ; cette marque dans sa chair même lui apporte une preuve décisive, mais il ne connaît pas encore toute l'étendue de son malheur. Il craint maintenant d'être une « souillure », *terme qu'emploie cette fois le messager corinthien.*

Œdipe, s'il subit son malheur, en est aussi responsable. Par orgueil, il veut savoir, car Œdipe est aussi l'homme qui sait (« oida ») *et il n'entend pas les avertissements de Jocaste. Il est une énigme à lui-même,* « oscillant entre l'égal à dieu et l'égal à rien » *(J. P. Vernant,* Mythe et tragédie en Grèce ancienne, *La Découverte, 1972). À la fin de la scène, il se proclame fils de la Tuché, de l'Heureuse Chance, un fol espoir se saisit de lui. Ne pourrait-il pas être le fils de quelque dieu, comme le chante le chœur ?*

• ***Le messager corinthien*** *est un* « berger nomade » (vers 1029). *Œdipe rabaisse le personnage, car son errance est signe de servilité, mais, au vers suivant, le messager relève la tête (*« un berger qui fut aussi ton sauveur »*). Il fut, en effet, le premier père adoptif d'Œdipe. Sûr de ses effets, il s'exprime avec une jovialité malséante. Il symbolise le monde extérieur pour les protagonistes de la tragédie. Il est lui aussi un artisan du Destin.*

• ***Jocaste*** *forme avec Œdipe un beau couple, elle est* « l'épouse accomplie du roi », *une femme aimante. Si elle proclame l'absurdité des oracles, elle n'est pas impie, car elle invoque les dieux et les prie (vers 918, 923 et 1060). Son scepticisme, cette forme d'*hubris, *a une explication : n'a-t-elle pas perdu un fils unique à cause d'un oracle. Elle conseille à Œdipe de ne pas remuer le passé, de* « vivre selon ses propres désirs » *et de se confier à la chance. Sans doute a-t-elle reconnu Œdipe depuis longtemps, à ses pieds enflés.* « Mais je sais ce dont je parle, et je te dis ce qu'il y a de plus avantageux pour toi » *(vers 1066). Pour préserver Œdipe, elle retient l'épanchement de sa douleur et garde un silence pathétique.*

• **À quoi nous attendre ?**

Jocaste pourra-t-elle survivre à la révélation de la vérité ? Comment Œdipe procèdera-t-il à l'interrogatoire du berger dont la recherche a duré le temps du troisième épisode ?

QUATRIÈME ÉPISODE•

(On amène le vieux serviteur de Laïos.)

ŒDIPE.
Je n'ai encore jamais rencontré cet homme, vieillards,
mais s'il me faut en juger, je crois bien avoir sous les
[yeux le berger
que nous recherchons depuis un moment. Vu son grand
[âge,
il concorde, et il correspond assez bien au Corinthien
[qui est là.
D'ailleurs je reconnais ceux qui l'amènent : ce sont
des serviteurs à moi. *(Au chœur•.)* Mais toi, tu dois en
[savoir là-dessus
plus que moi, puisque tu as vu le berger autrefois.

LE CHŒUR•.
Je le reconnais, pas de doute. C'était un homme de
[Laïos,
un berger entièrement dévoué à son maître.

ŒDIPE.
C'est à toi, l'étranger de Corinthe, que je pose d'abord la
[question :
est-ce bien de cet homme que tu parles ?

LE MESSAGER CORINTHIEN.
Oui, c'est bien lui que tu vois.

ŒDIPE *(au serviteur).*
Allons, toi, approche, vieillard ! Regarde-moi
et réponds à toutes mes questions. Tu étais bien jadis à
[Laïos ?

LE SERVITEUR.
J'étais son esclave, mais pas un esclave acheté, j'ai été
[élevé au palais.

ŒDIPE.
Quel travail exerçais-tu ? quelle vie menais-tu ?

LE SERVITEUR.
L'essentiel de ma vie se passait à suivre les troupeaux.

ŒDIPE.
En quelles régions les accompagnais-tu le plus souvent ?

LE SERVITEUR.
Sur le Cithéron, ou dans les environs.

ŒDIPE.
As-tu souvenir d'y avoir connu cet homme ?

LE SERVITEUR.
Qu'y faisait-il ? et puis, d'abord, de quel homme veux-tu
[parler ?

ŒDIPE.
De cet homme, là, près de nous. Es-tu entré en contact
[avec lui ?

LE SERVITEUR.
Non, c'est difficile à dire, c'est parti trop loin dans ma
[mémoire.

LE MESSAGER CORINTHIEN.
Ce n'est pas étonnant, maître. Mais je vais, moi,
ranimer ses souvenirs trop confus. Je suis sûr
qu'il se souvient, quand nous allions sur le Cithéron,
lui avec ses deux troupeaux, et moi avec un seul.
Trois saisons entières, trois fois six mois, je suis resté
[auprès de cet homme,
des prémices du printemps au lever de l'Arcture[1].
L'hiver venu, je ramenais mes bêtes à l'étable,
et lui les siennes vers les bergeries de Laïos.

---

1. *au lever de l'Arcture* : vers la mi-septembre, quand cette étoile apparaît dans le ciel.

Est-ce vrai, ce que je dis ? ou bien est-ce que je mens ?

LE SERVITEUR.
Tu dis vrai, mais cela remonte à si loin.

LE MESSAGER CORINTHIEN.
Maintenant, dis-moi, te souviens-tu m'avoir remis à
[l'époque un enfant,
pour que je l'élève comme mon propre nourrisson ?

LE SERVITEUR.
Quoi ? Qu'est-ce que tu vas fouiller dans cette histoire ?

LE MESSAGER CORINTHIEN *(désignant Œdipe).*
Le voici, mon cher, le jeune enfant d'alors !

LE SERVITEUR *(le menaçant de son bâton).*
Maudit sois-tu ! Vas-tu te taire !

ŒDIPE.
Hé là ! pas de violence, vieillard ! ce sont tes propos
qui méritent les coups, bien plus que les siens.

LE SERVITEUR.
Quelle est ma faute, mon excellent maître ?

ŒDIPE.
Tu refuses de parler de l'enfant auquel il s'intéresse.

LE SERVITEUR.
Il parle sans savoir, il se donne du mal pour rien.

ŒDIPE.
Si tu ne parles pas de bonne grâce, tu parleras dans les
[larmes !

LE SERVITEUR.
Non, je t'en supplie, ne maltraite pas un pauvre homme
[âgé !

ŒDIPE.
Allez vite ! qu'on lui attache les mains derrière le dos !

LE SERVITEUR.
Pourquoi donc, malheureux ? Que veux-tu donc savoir ?

ŒDIPE.
L'enfant dont parle cet homme, c'est bien toi qui le lui [as remis ?

LE SERVITEUR.
Oui, mais j'aurais mieux fait de mourir ce jour-là.

ŒDIPE.
C'est ce qui va t'arriver si tu ne fais pas attention à ce que tu dis.

LE SERVITEUR.
Je suis cent fois plus assuré de mourir, si je parle.

ŒDIPE.
Je crois bien qu'il va faire traîner les choses.

LE SERVITEUR.
Non ! puisque je t'ai dit déjà que je l'avais remis.

ŒDIPE.
D'où le tenais-tu ? Était-ce un enfant à toi ou à quelqu'un [d'autre ?

LE SERVITEUR.
Il n'était pas à moi, je l'avais reçu de quelqu'un.

ŒDIPE.
De quel citoyen thébain ? de quelle maison ?

LE SERVITEUR.
Non ! non, je t'en supplie, maître, ne cherche pas à en [savoir davantage.

ŒDIPE.
Tu es un homme mort, si je dois répéter ma question.

LE SERVITEUR.
Eh bien, c'était un des enfants nés dans la maison de [Laïos.

ŒDIPE.
Un esclave ? ou un enfant de sa famille ?

LE SERVITEUR.
Hélas ! me voici devant ce qu'il y a de plus terrible à [dire.

ŒDIPE.
Et moi, à entendre, mais il faut que je l'entende !

LE SERVITEUR.
On disait que c'était un fils de Laïos. Mais ta femme, là,
dans le palais, saurait très bien te dire ce qu'il en est.

ŒDIPE.
C'est donc elle qui te l'a remis ?

LE SERVITEUR.
Oui, prince.

ŒDIPE.
Dans quel but ?

LE SERVITEUR.
Pour que je le supprime.

ŒDIPE.
Elle qui l'avait mis au monde ! la malheureuse !

LE SERVITEUR.
Elle redoutait des oracles, des présages de malheur.

ŒDIPE.
De quel malheur ?

Le Serviteur.

Le bruit courait qu'il tuerait ses parents.

Œdipe.

Pourquoi, alors, l'as-tu confié à ce vieillard ?

Le Serviteur.

J'ai eu pitié, maître. J'ai pensé qu'il l'emmènerait
ailleurs, dans son pays d'origine.
Mais il l'a sauvé, pour son plus grand malheur. Car si tu [es bien
celui qu'il dit, sache que tu es voué au mal.

Œdipe.

Ah ! malheur ! Tout finirait donc par prendre sens.
Ô lumière, je voudrais aujourd'hui te contempler pour la [dernière fois !
Tel j'apparais : le fils qui n'aurait pas dû naître, l'époux
de celle qu'il ne fallait pas épouser, le meurtrier de ceux [que je n'aurais pas dû tuer !

(Œdipe rentre dans le palais, les bergers se retirent.)

Questions

Compréhension

1. *La dynamique de la scène. Comment l'interrogatoire est-il mené par Œdipe ?*

2. *Comment expliquez-vous l'attitude du messager ?*

3. *Quelle analyse pouvez-vous faire des différents sentiments qui animent le vieux serviteur ?*

4. *Comparez les deux personnages : le messager corinthien et le berger.*

5. *Comment expliquez-vous, au vers 1146, la réaction du vieux serviteur ?*

6. *De quelle manière passe-t-il aux aveux (vers 1167 à 1171) ?*

7. *Pourquoi le berger désigne-t-il Jocaste au vers 1171 ?*

8. *Comment justifiez-vous les dernières questions d'Œdipe ?*

Écriture

9. *Pourquoi le serviteur prend-il soin de préciser, au vers 1123, qu'il n'était pas un* « esclave acheté », *mais* « élevé au palais » *?*

10. *De quelle manière le vieux serviteur répond-il aux questions d'Œdipe ?*

11. *Expliquez le vers 1159 :* « Je suis cent fois plus assuré de mourir, si je parle. »

12. *La menace d'Œdipe est-elle mise à exécution (vers 1154) ?*

Mise en scène

13. *À la fin de la scène, Œdipe se retire dans le palais. Imaginez son attitude. Que signifie « rentrer dans le palais » ? Dans quelle autre scène Œdipe y est-il rentré ?*

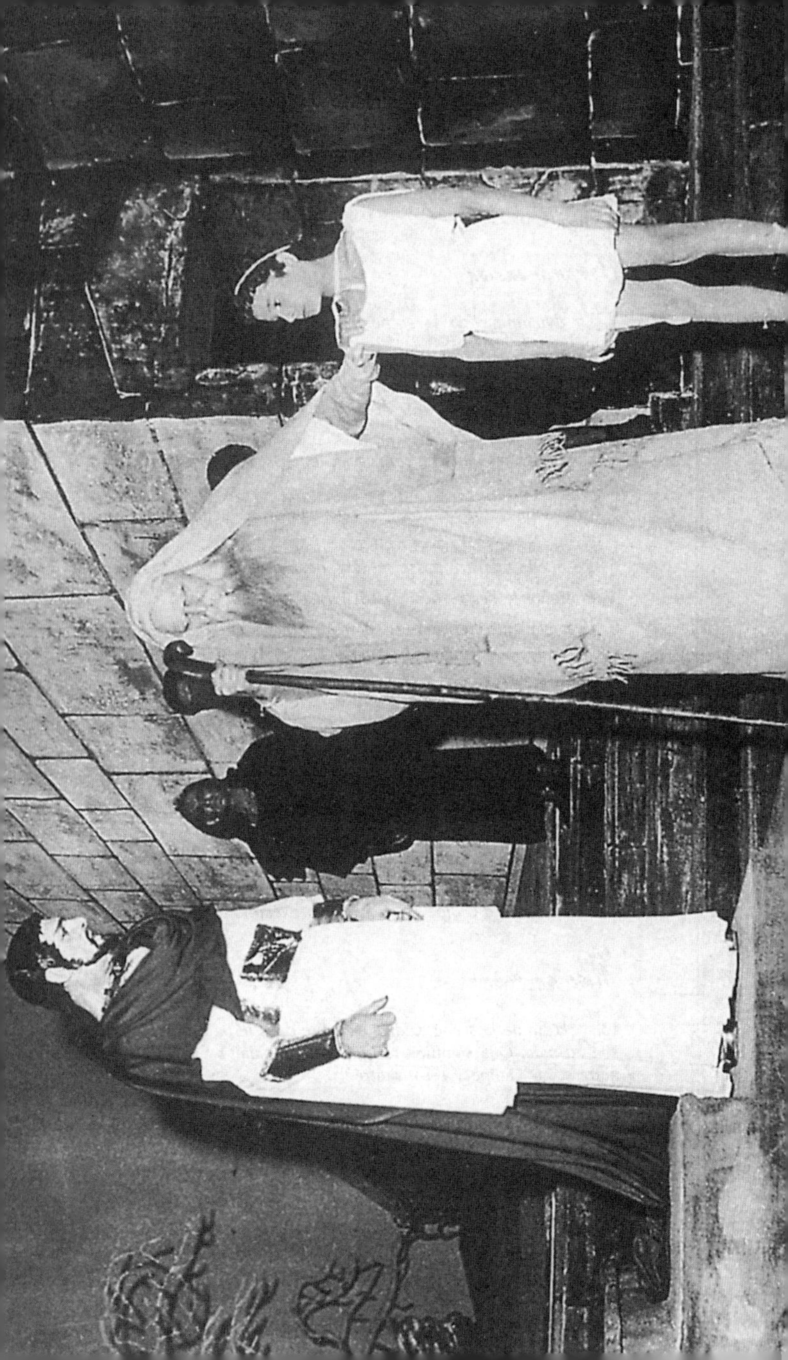

QUATRIÈME STASIMON•

STROPHE 1

Ô générations humaines,
la somme de vos vies,
je la compte égale au néant.
Du bonheur, quel homme
obtient plus qu'il n'est nécessaire
pour apparaître au zénith
et, sitôt apparu, disparaître à l'horizon ?
Si je prends ton destin pour exemple,
ton triste destin,
pauvre Œdipe, je ne vois rien
chez les mortels, qui soit heureux.

ANTISTROPHE 1

Lui, il avait lancé sa flèche
très haut, et il avait atteint
le comble du bonheur, la félicité.
Ô Zeus ! il avait anéanti
la vierge aux griffes acérées,
la chanteuse d'énigmes. Pour mon pays,
il s'était dressé, rempart contre la mort.
Dès lors, tu avais été proclamé roi,
mon roi, honoré dans l'abondance,
et maître
de la grandeur de Thèbes.

STROPHE 2

Aujourd'hui, connaît-on un homme plus misérable
que lui, environné de malheurs et habité par la souffrance
au retournement de sa vie ?
Ô ! glorieux Œdipe,

il a suffi d'un grand port[1], un seul,
pour terrasser le fils et le père, entrés dans la chambre
[nuptiale.
Mais comment, oh ! comment le champ
fécondé par ton père a-t-il pu, pauvre
Œdipe, te subir en silence, si longtemps ?

ANTISTROPHE 2

Mais le temps qui voit tout t'a découvert, toi qui as agi
[sans savoir.
Ce n'est pas d'aujourd'hui qu'il juge ce mariage, néga-
[tion du mariage,
où celui qui engendre est le même qui fut engendré.
Hélas ! enfant né de Laïos,
jamais, non jamais je n'aurais voulu te connaître !
Car je souffre quand les cris sortent de ma gorge,
hors de toute mesure. Cependant, je dois le dire,
c'est toi qui m'avais rendu à la vie,
grâce à toi j'avais retrouvé le sommeil.

1. *un grand port* : Thèbes, qui a accueilli si favorablement Œdipe.

Questions

Compréhension

1. *Quels sont les thèmes essentiels de ce chant ? Étudiez en particulier celui de l'*hubris.

2. *Quelle est la fonction de ce dernier stasimon• ?*

3. *À quoi tient la violence de l'émotion ?*

4. *De quelle(s) nature(s) est cette intervention du chœur• ?*

Écriture

5. *À qui s'adresse le chœur (étude du système d'énonciation) ? Quelles conclusions pouvez-vous en tirer ?*

6. *Quels sont les procédés du lyrisme ?*

7. *Relevez les images et caractérisez-les.*

Mise en scène

8. *Où sont placés les choreutes ? Montrez le lien entre leur situation et le caractère de leurs propos.*

Bilan

L'action

• Ce que nous savons

La vérité a éclaté. Œdipe a besoin de preuves, de témoignages qui se recoupent. Le Destin vient parachever son œuvre. En menaçant et torturant moralement le vieux serviteur, auquel il finit par arracher son secret, Œdipe devient le bourreau de lui-même.
Il sait désormais qu'il n'est pas le fils de la Chance, mais « le fils qui n'aurait pas dû naître, l'époux de celle qu'il ne fallait pas épouser et le meurtrier de ceux qu'il n'aurait pas dû tuer » *(vers 1184-1185).*
« Tout finirait donc par prendre sens » *dit-il. Il sera le dernier à découvrir la vérité. L'enquête a été menée rapidement grâce à une double coïncidence : le messager corinthien est aussi le berger qui a reçu le bébé ; et l'autre berger, qui lui a confié l'enfant, curieusement accompagnait Laïos sur la route de Pythô ! Le chemin vers Delphes conduit donc à la connaissance de soi-même, Œdipe a rencontré là son destin.*

• À quoi nous attendre ?

Est-il possible, d'après les dernières paroles d'Œdipe, de prévoir la fin de la tragédie ?

Les personnages

• Ce que nous savons

• ***Le vieux serviteur*** *est confronté à une situation terrible. Témoin du meurtre de Laïos, il se retrouve, après avoir longtemps mené une vie cachée, en face de l'assassin. En loyal serviteur, il tente de le prémunir contre la vérité, en refusant de parler pour le sauver. Il n'y parviendra pas. Sorte de double de Laïos, le vieux serviteur sera tué sous le poids des mots par Œdipe qui accomplit une nouvelle fois* « le meurtre du père », *mais lui-même tue Œdipe à qui cette fois il n'échappe pas.*
• ***Le messager corinthien*** *est une sorte de double du vieux serviteur. Sa présence et sa parole permettent d'accélérer les aveux du vieux serviteur. La dernière parole qu'il prononce ainsi que le geste qu'il exécute désignent Œdipe :* « Le voici, mon cher, le jeune enfant d'alors. »

• *Le destin se sert du caractère d'**Œdipe** pour l'entraîner vers le malheur. Il a précipité la rencontre avec le vieux serviteur. Il est reconnu et se découvre parricide et incestueux. Il est celui qui n'aurait pas dû vivre, celui qui a échappé à l'infanticide. Il est maintenant malheureux, car il a voulu savoir, lui qui est* « voué au mal ».

Devant l'ampleur de ses malheurs, nous sommes pris de sympathie et de pitié, car le personnage ne paraît pas responsable de ses fautes, du parricide et de l'inceste. Œdipe comprend enfin l'énigme qu'il était à lui-même.

• **À quoi nous attendre ?**

Comment Œdipe, le sauveur de Thèbes, peut-il assumer son destin ? Que va-t-il choisir : le suicide ou l'exil ?

*Dessin pour une mise en scène d'*Œdipe Roi.

EXODOS•

LE MESSAGER DU PALAIS.

Gens de ce pays, comblés des plus grands honneurs,
ce que vous allez entendre et voir est atroce, terrible
sera votre deuil si, en fidèles amis,
vous vous souciez toujours de la maison des Labdacides.
Les eaux de l'Ister et celles du Phase[1]
laveraient ce palais qu'elles ne le purifieraient pas,
je crois, des horreurs qu'il recèle. Dans l'instant même
[vont paraître au jour
des malheurs volontairement provoqués. Il n'est, à l'évi-
[dence,
souffrances plus amères que celles qu'on s'est créées soi-
[même.

LE CHŒUR•.

Nous en savions déjà suffisamment
pour gémir lourdement. Qu'as-tu de plus à nous dire ?

LE MESSAGER DU PALAIS.

Pour vous l'apprendre, de tous les moyens voici le plus
[rapide :
Jocaste, notre reine vénérée, est morte.

LE CHŒUR.

La malheureuse ! Mais comment est-elle morte ?

LE MESSAGER DU PALAIS.

Elle s'est donné la mort. De ce qui s'est passé,
le plus douloureux t'est épargné : tes yeux n'ont pas vu.
Autant cependant que ma mémoire me le permet,
vous saurez les tourments de notre reine infortunée.
Poussée par la colère, à peine eut-elle franchi
le vestibule, qu'elle se dirigea droit vers la chambre
de ses noces, s'arrachant les cheveux à pleines mains.
Elle entre et, après avoir verrouillé la porte derrière elle,

---

1. *Les eaux de l'Ister et celles du Phase* : Le Danube et le Rion, situés respectivement à l'ouest et à l'est de la mer Noire.

elle invoque Laïos, son mari mort depuis longtemps :
elle rappelle le souvenir de l'ancienne union, cause
de sa mort à lui, et qui la laissa, elle, enfanter
pour son propre fils une descendance maudite.
Elle déplorait sa couche où, vouée deux fois au malheur,
elle avait conçu un mari d'un mari, et des enfants de son
[enfant.
À partir de là, je ne sais comment elle est morte,
car Œdipe s'était précipité en criant dans la maison,
nous empêchant de suivre jusqu'au bout son infortune à
[elle :
c'est vers lui que nous dirigions nos regards. Il allait et
[venait,
tournait en tout sens, nous demandant de lui procurer
[une épée
et sa femme, qui n'était pas sa femme, mais sa mère,
champ doublement fécond où il voulait plonger son
[arme, puisque lui et ses enfants y étaient nés.
Un dieu guide sa fureur,
car aucun de nous, qui étions à ses côtés, ne le renseigne.
Il poussa un cri terrible et, comme si quelqu'un le diri-
[geait,
de toutes ses forces il se jeta contre la porte : les battants
[creux
sautèrent de leurs gonds et s'effrondrèrent. Il se préci-
[pite alors dans la chambre,
et là nous voyons sa femme pendue,
étranglée aux nœuds d'un hamac. À ce spectacle,
le malheureux se met à hurler, c'était épouvantable.
Il détache la corde qui pendait en l'air, et quand l'infor-
[tunée
fut étendue à terre, ce qu'on vit, vraiment, fut horrible.
Arrachant les agrafes en or
qui ornaient les vêtements de sa femme,
il les brandit et en frappe les globes de ses yeux :
de cette façon, disait-il, ils ne le verraient
ni souffrir un tel martyre ni commettre un tel mal,
c'est au cœur des ténèbres, à tout jamais, qu'ils conti-
[nueraient à regarder
ceux qu'il ne devait pas voir, et à ne pas reconnaître
[ceux qu'il désirait tant connaître !

Tout en exhalant ces plaintes funèbres, il levait les bras
[vers ses yeux,
et frappait à coups répétés. Ses prunelles ensanglantées
humectaient sa barbe : cela ne suintait pas
goutte à goutte, mais ruisselait en une averse
noire, comme un orage de sang.
Ces malheurs ont éclaté du fait de deux personnes, et
[non d'une seule :
ce sont les malheurs communs à l'homme et à la femme.
Le bonheur d'avant, le bonheur d'antan,
était un authentique bonheur ; en ce jour, au contraire,
gémissements, désastre, mort, honte, tous les malheurs
qu'on peut nommer, tous sont bien là !

LE CHŒUR•.
Pauvre Œdipe ! Et maintenant, quel répit son mal lui-
[laisse-t-il ?

LE MESSAGER DU PALAIS.
Il crie qu'on ouvre les portes du palais et qu'on offre aux
[regards
de tous les Cadméens celui qui a tué son père
et sa mère. Il tient des propos sacrilèges que je ne puis
[répéter.
Il veut se précipiter hors du pays, et ne plus rester
dans cette maison où il est maudit de par sa propre
[malédiction.
Pourtant la force lui manque, il lui faudrait
un guide, car son malheur est trop lourd à porter.
Mais juge plutôt toi-même : voici que s'ouvrent
les portes du palais. Le spectacle qui va se présenter à
[tes yeux
apitoierait le cœur le plus gonflé de haine.

(Œdipe paraît, le visage ensanglanté, guidant sa marche avec peine.)

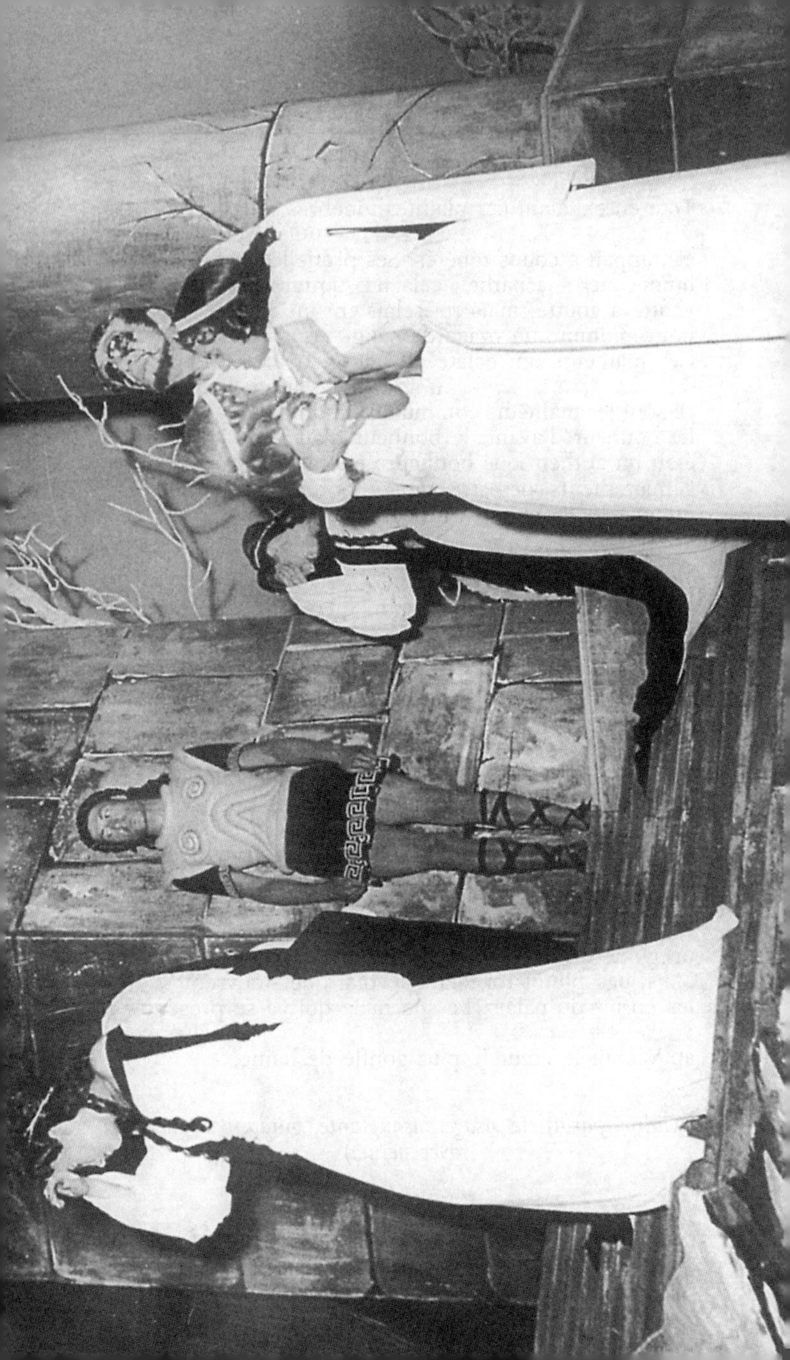

KOMMOS•

LE CHŒUR•.
Ô souffrance atroce à voir pour des hommes !
Jamais je n'ai rencontré plus atroce souffrance !
Quelle folie, pauvre Œdipe,
s'est abattue sur toi ? Quelle divinité,
d'un bond incommensurable,
a rejoint ton triste destin ?
Hélas ! ah ! malheureux ! Mais je peux à peine
tourner mes regards vers toi ! Comme j'aimerais cepen-
[dant t'interroger,
t'écouter, comme j'aimerais te voir !
Oh ! je frissonne d'horreur !

ŒDIPE.
Ah ! malheur ! triste mon malheur !
Pauvre, où donc suis-je emporté ? Où ma voix
s'envole-t-elle, brisée dans l'instant ?
Ô divinité, jusqu'où ton bond m'a-t-il précipité ?

LE CHŒUR.
Dans un abîme effroyable, impossible à décrire, impos-
[sible à regarder !

STROPHE 1

ŒDIPE.
Ô ténèbres,
nuage d'exécration[1] qui entre en moi ! et s'avance, hor-
[reur sans nom,
plus indomptable que le vent de la tempête[2] !
Malheur !

---

1. *exécration* : le terme grec *(apótropos)* désigne ce dont on se détourne avec horreur.

2. *plus indomptable que le vent de la tempête* : mot à mot « *indompté et impossible à diriger à l'aide d'un vent favorable* ».

Ah ! malheur encore ! En moi s'enfoncent
les aiguillons de mes blessures, le souvenir de mes crimes !

LE CHŒUR•.
En de telles épreuves, il n'est pas surprenant
que tu aies double deuil, double lot de malheurs.

ANTISTROPHE 1

ŒDIPE.
Ah ! mon ami,
toi seul tu es là, tu es à mes côtés, fidèle,
prêt à veiller sur un pauvre homme aveugle.
Ah ! hélas !
Je sais qui tu es, du fond de mes ténèbres
j'ai reconnu clairement ta voix.

LE CHŒUR.
Horreur ! qu'as-tu fait ? Comment as-tu pu détruire
tes yeux, tes yeux si précieux ? Quel dieu t'y a poussé ?

STROPHE 2

ŒDIPE.
C'est Apollon, Apollon, mes amis,
c'est lui qui a provoqué mes malheurs, tous mes malheurs, mes atroces souffrances.
Mais la main qui a frappé,
c'est la mienne, la mienne seule ! ah ! misérable !
À quoi me sert de voir
si rien de doux ne vient flatter mes yeux ?

LE CHŒUR.
Oui, c'est exactement dit.

ŒDIPE.

Que puis-je donc voir encore,
ou aimer ? Quel plaisir puis-je encore
éprouver, si quelqu'un s'adresse à moi ?
Vite, chassez-moi loin d'ici, vite
mes amis, chassez cet immense fléau,
cet être maudit,
haï des dieux comme jamais il n'en fut !

LE CHŒUR•.

Tu souffres, victime de ton esprit emporté autant que de ton malheur.
Ah ! il aurait mieux valu que jamais tu n'aies su !

ANTISTROPHE 2

ŒDIPE.

Périsse celui qui, sur l'herbe d'un pâturage,
détacha ma cruelle entrave ! Il m'arracha
à la mort, il me sauva
mais il n'agit pas pour mon bien.
Si j'étais mort en ce temps-là,
ni moi ni mes amis n'aurions pareil chagrin !

LE CHŒUR.

C'est aussi ce que j'aurais préféré.

ŒDIPE.

Je ne serais pas venu,
je n'aurais pas tué mon père, on ne m'appellerait pas
« l'époux de celle qui lui donna le jour ».
Me voici maintenant abandonné des dieux, fils de parents sacrilèges,
et mes enfants ont la même mère que moi, infortuné !
S'il est un mal plus puissant

que le mal, Œdipe l'a obtenu en partage !

LE CHŒUR•.
Je ne peux t'affirmer que tu as pris la meilleure déci-
[sion :
mieux valait pour toi renoncer à l'existence que de vivre
[aveugle !

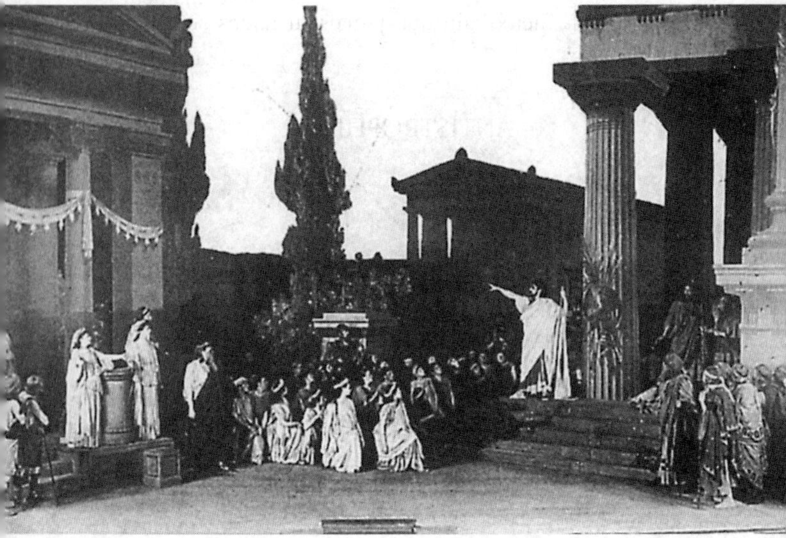

Représentation d'Œdipe Roi à la Comédie-Française en 1901.

FIN DE L'EXODOS•

ŒDIPE.

Non ! ne viens pas soutenir que je n'ai pas agi
pour le mieux, et cesse de me donner des conseils !
Si j'étais descendu chez Hadès, comment aurais-je pu
regarder mon père en face,
ainsi que ma mère ? Les crimes que j'ai commis
contre mes parents, la corde ne suffirait pas à les expier !
Et mes enfants, nés comme ils sont nés,
pouvais-je encore désirer les voir, contempler leur
[visage ?
Non ! non, plus jamais ce spectacle sous mes yeux !
pas plus que cette ville, ces remparts, ces saintes images
des dieux ! Tout cela, dans ma profonde misère,
moi qui avais acquis le plus grand prestige dans Thèbes,
je m'en suis frustré moi-même, en lançant l'ordre
à tous de rejeter l'homme sacrilège, que les dieux ont
[fait apparaître
impur et de la race de Laïos.
Après m'être révélé le seul responsable de cette affreuse
[souillure,
comment aurais-je pu regarder les Thébains droit dans
[les yeux ?
Non, non ! Et même, s'il était un moyen d'arrêter
le flux des sons dans mes oreilles, je n'hésiterais pas
à emmurer mon pauvre corps
dans la cécité, dans la plus totale surdité. N'est-ce pas
[un doux plaisir,
quand la pensée, isolée, ne sent plus ses maux[1] ?
Ô Cithéron, pourquoi m'as-tu accueilli ? Tu aurais dû me
[saisir
et me tuer, sans attendre ! que jamais je n'aie à dévoiler
mes origines à la face du monde !
Ô Polybe, ô Corinthe, ô toi, palais

---

1. *ne sent plus ses maux* : la suppression de ses sens lui permettrait d'atteindre la forme de bonheur, revendiquée par le sage, consistant à ne plus sentir ses maux.

que je disais depuis toujours être celui de mon père,
quelle perle d'abomination vous avez polie à l'ombre de
[vos murs !
Car tel je me découvre maintenant : un criminel, fils de
[criminels !
Ô croisée des trois chemins ! ô vallon reculé !
bois de chênes ! étroitesse à la jonction des deux routes !
vous qui avez bu mon sang, le sang de mon père,
versé par mes propres mains, gardez-vous le souvenir
du mal accompli sous vos yeux ? et celui de mes crimes,
[après,
quand je suis arrivé ici ? Ô noces, noces,
vous m'avez fait naître, puis, donnant la vie à nouveau,
vous avez produit la même descendance, montrant ainsi
[au jour
des pères[1] frères de leurs enfants et fils de leur mère,
[dans un même sang confondu,
des femmes épouses et mères[1], et comment les plus
[atroces horreurs
peuvent se produire chez les hommes.
Mais il y a autant de honte à dire qu'à faire !
Vite, au nom des dieux, vite
cachez-moi loin d'ici, ou alors tuez-moi, jetez-moi
à la mer, là où vous ne me verrez plus jamais.
Venez, n'hésitez pas à toucher un homme accablé de
[malheurs,
croyez-moi, n'ayez pas peur : le fardeau de mes maux,
nul en dehors de moi n'est en mesure de le porter.

LE CHŒUR•.
Pour satisfaire ta demande, pour agir ou décider,
voici justement que se présente Créon.
Il est le seul désormais à veiller sur notre pays, à ta
[place.

ŒDIPE.
Hélas, que lui dirai-je ?

---

1. *pères* et *mères* : formes de pluriel poétique.

Comment pourrai-je obtenir sa confiance, en toute justice,
quand tout à l'heure j'ai accumulé les torts à son égard ?

CRÉON.
Je ne suis pas venu pour rire à tes dépens, Œdipe,
ni pour te reprocher tes attaques de tout à l'heure.
(Au chœur.) Vous, si vous n'avez plus de respect pour les enfants
des hommes, craignez du moins la flamme de notre divin Soleil,
source de toute vie, et n'exposez pas ainsi au grand jour,
sans voile, une telle impureté, que ni la terre,
ni l'eau sacrée, ni la lumière ne pourront accueillir.
Allez, vite, accompagnez-le dans la maison.
La piété impose à la famille seule, de voir
et d'entendre les malheurs qui touchent l'un de ses membres.

ŒDIPE.
Au nom des dieux, puisque tu m'as délivré de mes craintes,
toi le meilleur des hommes venu vers le plus détestable,
écoute-moi. Je parlerai pour servir ton intérêt, non le mien.

CRÉON.
Que cherches-tu donc à obtenir de moi, de façon si pressante ?

ŒDIPE.
Jette-moi loin de cette terre, vite, là
où il n'y aura personne à qui je puisse adresser la parole.

CRÉON.
Je l'aurais fait, crois-moi, si je n'avais pas désiré
consulter préalablement le dieu sur ce qu'il faut faire.

ŒDIPE.
Mais la parole du dieu s'est fait clairement entendre :
moi le parricide, l'impie, il faut me mettre à mort !

CRÉON.
C'est ce qui a été dit. Cependant, dans cette situation
difficile, mieux vaut s'informer de ce qu'on doit faire.

ŒDIPE.
Ainsi, pour l'infortuné que je suis, vous irez consulter le
[dieu ?

CRÉON.
Oui, et cette fois, il se pourrait bien que tu lui accordes
[ta confiance.

ŒDIPE.
Mais c'est à toi que j'adresse ces ordres d'abord, et
[ensuite cette requête.
Pour la reine, dans le palais, je te laisse libre d'organiser
[les funérailles que tu veux :
elle est des tiens, tu sauras agir au mieux.
Quant à moi, tant que je vivrai, qu'on ne m'impose
[jamais
d'habiter dans la ville de mon père !
Laisse-moi me réfugier dans la montagne, celle, si fatale-
[ment liée à mon sort,
qu'on appelle Cithéron. Ma mère et mon père,
de leur vivant, y avaient fixé mon tombeau.
Ainsi recevrai-je la mort de ceux-là mêmes qui voulaient
[me la donner.
Je sais cependant que je ne succomberai ni à la maladie,
ni à rien d'autre, car aurais-je été arraché
à la mort à moins d'être voué à un terrible malheur[1] ?
Ah ! que mon destin m'entraîne là où il veut !
Du côté de mes enfants, Créon, mes fils[2] ne doivent pas
te soucier : ce sont des hommes, et jamais,
où qu'ils se trouvent, les moyens de subsistance ne leur
[feront défaut ;
mais mes deux malheureuses filles[3], si pitoyables,

1. *terrible malheur* : ce malheur, pire que la mort, qui est le sien maintenant.
2. *mes fils* : Étéocle et Polynice.
3. *mes deux malheureuses filles* : Antigone et Ismène.

elles qui étaient toujours là, à mes côtés, quand on chargeait
ma table de mets, elles qui avaient leur part
de tout ce que je touchais,
veille sur elles! Et d'abord, laisse-moi les toucher
de mes mains, et pleurer ensemble nos malheurs!
Je t'en prie, prince,
ô toi de si noble race! Par ce contact,
je pourrai croire encore qu'elles sont à moi, comme lorsque je voyais.
Que dis-je?
Ces sanglots que j'entends, au nom des dieux, n'est-ce pas mes filles
qui pleurent? Créon a eu pitié,
il m'a envoyé mon bien le plus précieux, mes deux chères enfants?
Est-ce vrai?

CRÉON.
Oui, c'est moi qui t'ai ménagé cette faveur,
je savais que je pouvais t'offrir ce plaisir, il t'était si doux autrefois!

ŒDIPE.
Puisses-tu vivre dans le bonheur! Puisse la divinité, sur cette route où tu t'engages,
te préserver mieux qu'elle ne l'a fait pour moi!
Ô mes enfants, où êtes-vous? Venez, approchez,
je tends vers vous mes mains, vos sœurs,
voyez, ce sont elles qui ont réduit à cet état le regard
autrefois si brillant de celui qui vous a faites,
lui qu'on a cru être votre père tant qu'il ne voyait pas,
tant qu'il ne cherchait pas à connaître la source où il a puisé la vie.
Oh! je pleure sur votre sort, car je n'ai pas la force d'envisager l'avenir,
cette vie d'amertume qui vous attend,
la vie que vous réservent les hommes.
Dans Thèbes, pourrez-vous assister à des réunions,
à des fêtes, sans rentrer chez vous

en pleurs, frustrées de la joie du spectacle[1] ?
Et quand vous serez dans votre fleur,
quel sera votre époux ? Quel homme se risquera, mes
[enfants,
à prendre sur lui cette honte, qui ruinera
pour toujours mes parents et sera en même temps votre
[ruine ?
Quel mal manque à l'appel ? Votre père a tué
son propre père, il a ensemencé le champ maternel
où lui-même fut conçu, et vous êtes pour lui
les fruits d'une union égale à celle dont il est issu.
Telles seront vos flétrissures, à tout jamais. Après cela,
[qui pourra vous épouser ?
Personne, mes chères filles. Vous serez condamnées
à vieillir dans la solitude, sans enfants, sans mari !
Ô fils de Ménécée, toi seul peux désormais
leur servir de père, puisque nous, leurs parents,
sommes morts tous les deux : ne reste pas insensible à
[leur sort,
elles sont de ton sang, ne les laisse pas, elles qui n'au-
[ront pas de mari, aller mendier sur les routes !
Ne les condamne pas à m'égaler dans l'infortune !
Aie pitié d'elles ! Vois leur âge,
vois comme elles sont abandonnées de tous, réduites à
[la part que tu voudras leur donner !
Consens, noble Créon, en me touchant de ta main.
Et vous, mes enfants, si votre esprit était en mesure de
[comprendre,
que de conseils j'aurais à vous donner ! En cet instant,
[souhaitez seulement,
où qu'il vous soit donné de vivre, de connaître une exis-
[tence
meilleure que celle de votre père, l'auteur de vos jours.

CRÉON.
Il suffit ! Tu as poussé assez loin tes plaintes. Rentre dans
[le palais, va.

1. *frustrées de la joie du spectacle* : mêlées aux autres membres de la cité, les jeunes filles ne ressentiront que plus cruellement leur infortune.

ŒDIPE.
Il faut obéir, bien qu'il ne me soit pas agréable de faire
[ce que tu dis[1].

CRÉON.
Toute action est belle, qui convient à la circonstance.

ŒDIPE.
Je rentrerai, mais sais-tu à quelle condition ?

CRÉON.
Tu vas me la dire, à t'entendre je saurai.

ŒDIPE.
C'est que tu me bannisses loin de ce pays.

CRÉON.
Ce que tu demandes, seul le dieu peut te l'accorder.

ŒDIPE.
Mais les dieux me haïssent, au-delà de tout !

CRÉON.
Tu as donc toutes les chances d'être exaucé.

ŒDIPE.
Tu l'affirmes, vraiment ?

CRÉON.
Je n'ai pas pour habitude de parler à la légère, à l'en-
[contre de ce que je pense.

ŒDIPE.
Eh bien emmène-moi maintenant.

1. *ce que tu dis* : Œdipe répugne à rentrer dans le palais, lieu de l'inceste et du suicide de Jocaste.

CRÉON.
Eh bien avance, et laisse tes enfants.

ŒDIPE.
Mes filles ? non, ne me les enlève pas !

CRÉON.
Tu voudras donc toujours gagner ?
Le succès n'a pourtant pas accompagné ta vie jusqu'au bout !

LE CHŒUR•.
Habitants de Thèbes, ma patrie, regardez Œdipe ;
il déchiffrait les énigmes, il était au faîte de la puissance,
tous ses concitoyens lui enviaient ses succès,
voyez, une tourmente de malheurs, terrible, l'a englouti !
Considérons cette dernière journée, qu'il vécut dans la peine,
et gardons-nous, nous autres mortels, de déclarer un homme heureux,
avant qu'il n'ait atteint la borne de sa vie, sans avoir à souffrir[1] !

1. *sans avoir à souffrir* : tout en formulant ce lieu commun de la philosophie grecque, le chœur se dirige lentement vers la sortie.

Questions

Compréhension

• Exodos* : le messager

1. *Même si la parole filtre la violence, par son discours, le messager veut faire* « entendre et voir » *quelque chose d'atroce aux Thébains. Relevez tous les termes et les expressions appartenant aux champs lexicaux de la vue et de l'ouïe dans son récit.*

2. *Comment le suicide de Jocaste est-il expliqué (vers 1237 à 1264) ?*

3. *Pourquoi Œdipe veut-il pénétrer dans la chambre où Jocaste est enfermée ?*

4. *Quel dieu guide alors Œdipe ?*

• Le kommos*

5. *Quelle est la fonction de ce kommos ? Est-il le seul de la tragédie ?*

6. *Dans quelle intention le chœur* interroge-t-il Œdipe ? Œdipe lui répond-il ?*

7. *Pourquoi souligne-t-il que* « la main qui a frappé », *c'est la sienne ?*

8. *De quel passage pouvez-vous rapprocher le vers 1291 ?*

9. *Comment apparaît Œdipe d'après le commentaire du messager ? Pourquoi, à votre avis, n'a-t-il pas de guide ?*

• Exodos : le monologue d'Œdipe

10. *Œdipe cherche d'abord à se justifier. Pourquoi ne s'est-il pas suicidé ? Quelles raisons invoque-t-il pour expliquer sa mutilation ?*

11. *À qui s'adresse-t-il à partir du vers 1391 ?*

12. *Quelle est l'utilité du monologue ?*

13. *Quels sont les lieux évoqués et quelle est leur signification symbolique ?*

• Exodos : Créon

14. *Essayez de justifier cette dernière scène.*

15. *Quelle opposition de ton relève-t-on entre Créon, le nouveau roi, et Œdipe, le roi déchu ?*

16. *Comment Œdipe se comporte-t-il à l'égard de ses garçons et de ses filles ? Pourquoi cette différence de comportement ?*

17. *Depuis qu'Œdipe s'est crevé les yeux, quelles transformations se sont opérées en lui?*

18. *Que pensez-vous de la philosophie contenue dans la dernière réplique du chœur** ?

19. *Rapprochez le dénouement de Sophocle de celui de Cocteau* (La machine infernale) *et de celui de Gide* (Œdipe).

Écriture

20. *Expliquez le vers 1317 :*
«Ah! malheur encore! En moi s'enfoncent
Les aiguillons de mes blessures, le souvenir de mes crimes!»

21. *Commentez l'énumération du vers 1284.*

22. *Pourquoi Œdipe parle-t-il de lui à la troisième personne (vers 1365)?*

23. *Expliquez l'image :* «emmurer mon pauvre corps» *(vers 1388).*

24. *Que pensez-vous de l'utilisation des trois séries de textes (récit, dialogue, monologue)? Quels sont les effets créés par cette variété?*

Mise en scène

25. *Imaginez une mise en scène pour l'apparition d'Œdipe (décor, démarche du personnage, etc.).*

26. *Comment l'horreur du spectacle peut-elle être montrée si les acteurs portent des masques?*

27. *Qu'ajoute le spectacle d'Œdipe au commentaire du narrateur?*

28. *Pourquoi Créon demande-t-il à Œdipe de rentrer dans le palais (*«va»*, vers 1515)?*

29. *Pourquoi les filles d'Œdipe sortent-elles les premières?*

Bilan

L'action

• Ce que nous savons

La machine infernale a accompli son œuvre, Œdipe sait qu'il a commis le parricide et l'inceste. Le paroxysme de l'horreur est atteint dans cet épisode où Sophocle a déployé toutes les ressources du pathétique. Le chœur ne comprend pas ce que le messager du palais peut «lui dire de plus» *(vers 1234).*
La reine s'est suicidée, et Œdipe qui la découvre en pénétrant dans la chambre, se frappe les globes des yeux avec les agrafes des vêtements de Jocaste. Pourquoi Œdipe n'a-t-il pas préféré la mort à la mutilation? Il se coupe volontairement du monde extérieur pour s'emmurer dans son passé. Banni du monde des vivants comme de celui des morts, il assume son destin. Nous éprouvons pour lui de la sympathie devant son malheur, de l'effroi devant le triomphe de la divinité et de l'admiration devant sa dignité dans la souffrance. Il rentre dans le palais, confiant dans l'oracle que Créon consultera et qui lui accordera sans doute l'exil. Puisque les dieux le haïssent, il a «toutes les chances d'être exaucé».

• À quoi nous attendre?

La pièce ici s'achève, mais Sophocle met une seconde fois en scène son personnage dans Œdipe à Colone, *sa dernière pièce. Le roi déchu se réconcilie avec lui-même. Sans illusion sur le pouvoir de l'intelligence, il se soumet à la divinité et devient protégé des dieux. Le lieu de son tombeau sera une terre bénéfique et protégera Athènes à jamais de toute invasion des Thébains.*

Les personnages

• Ce que nous savons

• ***Œdipe*** *a compris qu'on ne peut échapper aux oracles. Toutes ses entreprises ont au contraire mené à leur réalisation, car, par une ironie tragique, le Destin se joue de l'homme. Il se sent coupable, mais s'il ne l'est ni juridiquement, ni moralement, il porte le poids de la faute de ses parents, il est* «fils de criminels». *De plus, le désir de savoir et une trop grande confiance en lui l'ont conduit à la catastrophe.*

La solitude se referme sur le personnage, il doit bientôt quitter ses filles que Créon lui a envoyées. Puis il rentre dans le palais comme il rentre en lui-même avant le probable départ en exil. Il a perdu le pouvoir et la réputation dont il jouissait à Thèbes.

- ***Créon*** *n'est pas un personnage tragique. Il manifeste une certaine grandeur à l'égard d'Œdipe et s'adresse à lui sans le blâmer ou le maudire. Il ne dit pas dans sa dernière réplique que l'*hubris *d'Œdipe est à l'origine de sa chute. Il prend en pitié Œdipe et lui permet de voir ses filles. Il devient roi, sans avoir désiré le pouvoir. Ne l'exerçait-il pas déjà dans la triarchie qu'il formait avec Jocaste et Œdipe, sans en avoir les désagréments ? C'est le type de l'homme modéré et humain.*
- ***Le chœur**** *clôt la pièce, renvoyant le spectateur et l'habitant de Thèbes à l'image inoubliable d'Œdipe au sommet de sa gloire.*

Œdipe expliquant l'énigme *par Ingres, Paris, musée du Louvre, 1808.*

Œdipe par Jean Cocteau.

DATES	ÉVÉNEMENTS HISTORIQUES	ÉVÉNEMENTS CULTURELS
535	Pisistrate, tyran à Athènes (depuis plus de dix ans).	Naissance officielle de la tragédie avec Thespis. Premiers concours tragiques. Vases à figures rouges.
510		Fin de la tyrannie (Hippias, fils de Pisistrate, est obligé de capituler).
508	Réforme de la constitution athénienne par Clisthène.	
496	Révolte ionienne (499-494) contre l'impérialisme perse.	
490	Début des Guerres médiques. Victoire de Marathon (Miltiade).	
484		Première victoire d'Eschyle. Premiers concours de comédie à Athènes.
480	Victoire de Salamine (Thémistocle).	Naissance d'Euripide.
472		Eschyle, *Les Perses*.
467		Eschyle, *Les Sept contre Thèbes*. (Le thème en est la rivalité entre les deux fils d'Œdipe.)
461	Début de l'influence de Périclès, chef du parti démocratique. Ostracisme de Cimon.	~ Naissance de Thucydide.
447		Début des constructions de l'Acropole. Hérodote à Athènes.
443	Gouvernement de Périclès, réélu stratège jusqu'en 429.	
441		Rayonnement de l'école hippocratique de médecine.
438		Mort de Pindare. Euripide, *Alceste*.
431	Début de la guerre du Péloponnèse.	Euripide, *Médée*.
421	Paix de Nicias (signée pour 50 ans).	Aristophane, *La Paix*.
415	Début de l'expédition de Sicile, sous la conduite d'Alcibiade.	Euripide, *Les Troyennes*.
413	Échec de l'expédition. Sparte ravage l'Attique.	Euripide, *Électre* et *Iphigénie en Tauride*.
411	Renversement de la démocratie. Gouvernement oligarchique des Quatre-Cents.	Aristophane, *Les Thesmophories* (critiques d'Euripide).
410	Rétablissement de la démocratie.	Euripide, *Les Phéniciennes* (on y retrouve le thème de la lutte entre Étéocle et Polynice).
408	Retour d'Alcibiade à Athènes pour un an.	~ Platon disciple de Socrate. Euripide, *Oreste*.
406	Victoire navale des Athéniens aux îles Arginuses.	Mort d'Euripide à la cour du roi de Macédoine.
405	Défaite d'Ægos-Potamos.	Euripide, *Iphigénie à Aulis* (posthume).
404	Fin de la Guerre du Péloponnèse. Ruine d'Athènes. Gouvernement des Trente Tyrans. Début de l'hégémonie spartiate.	Achèvement de l'Érechteion. Thucydide, exilé depuis 424, est rappelé à Athènes.
401	Bataille de Cunaxa. Xénophon participe à la retraite des Dix Mille.	
399	Procès de Socrate : il est condamné à boire la ciguë.	Exil de Xénophon.

VIE ET ŒUVRE DE SOPHOCLE	DATES
Il naît à Colone (bourgade près d'Athènes), dans une famille aisée : son père, propriétaire d'une manufacture d'armes, lui offre les leçons des meilleurs maîtres.	496
À seize ans, il conduit le chœur chargé de célébrer la victoire des Grecs sur les Perses.	480
Il remporte sa première victoire aux Grandes Dionysies, contre Eschyle.	468
Les Trachiniennes (datation très controversée).	447
Il est élu trésorier, chargé de gérer le tribut des alliés.	443
Le succès d'*Antigone* lui vaut d'être élu stratège, aux côtés de Périclès. Il participe à la campagne de Samos.	441
Ajax (datation incertaine).	438
Date approximative d'*Œdipe Roi*. Il contribue à l'introduction du culte d'Asclépios en Attique.	421
Il est élu stratège aux côtés de Nicias. *Électre*.	415
Le peuple le nomme au comité chargé de trouver un plan de redressement pour la cité.	413
Il est impliqué dans le renversement de la démocratie. Le peuple ne lui tiendra pas rigueur de cette *« nécessaire compromission »*.	411
Philoctète.	409
Son fils l'accuse de démence sénile. Pour se défendre, il lit devant les juges un chœur d'*Œdipe à Colone*.	408
Mort de Sophocle.	406
Œdipe à Colone, représentée grâce à son petit-fils, Sophocle le Jeune.	401

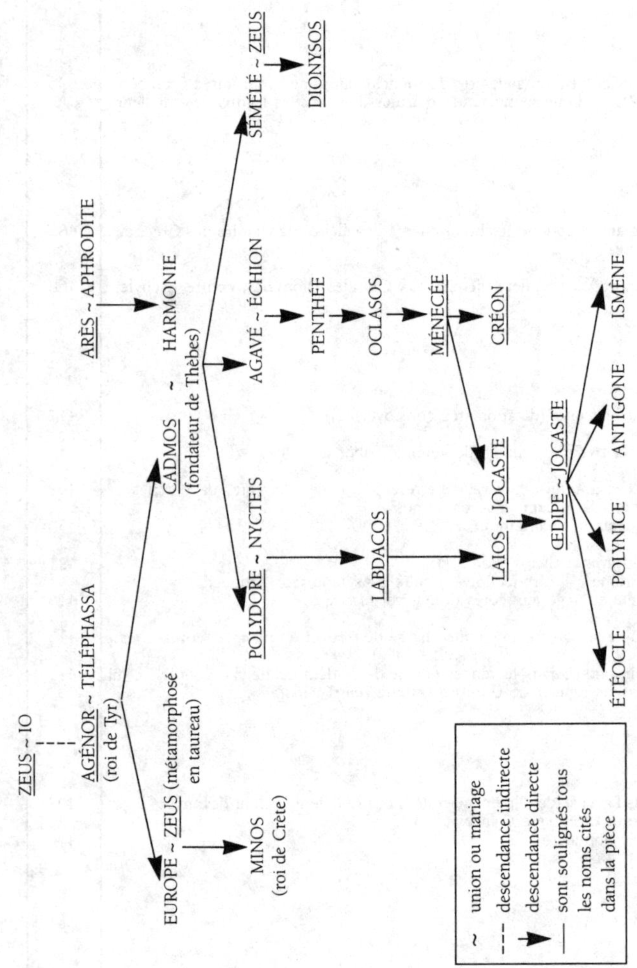

ZEUS ~ IO
AGÉNOR ~ TÉLÉPHASSA
(roi de Tyr)
ARÈS ~ APHRODITE
EUROPE ~ ZEUS (métamorphosé en taureau)
CADMOS ~ HARMONIE
(fondateur de Thèbes)
MINOS
(roi de Crète)
POLYDORE ~ NYCTEIS
AGAVÉ ~ ÉCHION
SÉMÉLÉ ~ ZEUS
DIONYSOS
PENTHÉE
OCLASOS
MÉNÉCÉE
CRÉON
LABDACOS
LAIOS ~ JOCASTE
ŒDIPE ~ JOCASTE
ÉTÉOCLE
POLYNICE
ANTIGONE
ISMÈNE
~ union ou mariage
descendance indirecte
descendance directe
sont soulignés tous les noms cités dans la pièce

LE RAYONNEMENT D'ATHÈNES

Le « siècle de Périclès »

•

Sophocle eut le privilège de vivre les années les plus glorieuses d'Athènes. Le demi-siècle, en effet, qui sépare la fin des guerres médiques (479 av. J.-C.) de la mort de Périclès (429 av. J.-C.), consacre la suprématie d'Athènes sur les autres cités grecques. Profitant de son prestige acquis à la suite de ses victoires sur les Perses, Athènes a étendu son influence au monde égéen. Elle est à la tête d'un empire maritime immense, regroupant, dans la Ligue de Délos, des cités d'Asie Mineure et des îles de la mer Égée. Pour maintenir son hégémonie, elle dispose d'une puissante flotte de guerre et, dans son port, le Pirée, affluent des marchandises venues de tout le bassin méditerranéen. Le bénéfice des échanges commerciaux – intenses – ainsi que le tribut imposé aux alliés viennent gonfler les revenus de l'État. Cette toute-puissance, Athènes n'hésite pas à en faire la démonstration lors du grand rassemblement annuel des Grandes Dionysies. Avant les représentations dramatiques, l'argent des alliés était, en effet, regroupé dans l'orchestre, de façon à être vu par tous les spectateurs ! Malheureusement, à partir de 431, le déclenchement de la guerre du Péloponnèse met un frein à ce développement. À l'issue de la guerre (404), Athènes, vaincue, devra s'effacer politiquement devant Sparte, avant de subir la domination des Thébains puis celle des Macédoniens.

L'avènement des arts

•

Mais, en dépit de ces vicissitudes, le rayonnement intellectuel et artistique d'Athènes demeure intact. Dans le domaine de la pensée, des arts et des sciences, tous les yeux convergent vers cette cité exceptionnelle où se concrétisent les plus belles innovations de l'esprit. Sous le gouvernement éclairé de Périclès (444-429), des artistes comme Phidias, Callicrate et Ictinos ont exprimé, dans les grandes constructions de l'Acropole, l'idéal de beauté, l'élan patriotique qui animaient alors la Cité. En littérature, la même effervescence produit en moins d'un siècle une floraison de chefs-d'œuvre. Délaissant l'épopée et la poésie lyrique, les écrivains du ve siècle inventent des genres nouveaux, dont il nous reste les plus brillantes illustrations : les œuvres d'Hérodote et de Thucydide pour l'histoire, d'Aristophane pour la comédie, d'Eschyle, de Sophocle et d'Euripide pour la tragédie. Mais, en renouvelant les genres littéraires, ces auteurs imposent aussi une nouvelle façon de penser : c'est sur la condition humaine, surtout, que s'oriente leur réflexion. Avec l'habitude des débats à l'assemblée et les progrès en matière de juridiction, une sensibilité nouvelle voit le jour, plus critique, creusant la distance entre l'humain et le divin. L'évolution se précipite dans les dernières décennies du siècle où, sous l'impulsion des sophistes, d'Anaxagore et de Socrate, triomphe un courant de pensée rationaliste, accentuant la rupture de la Cité *(polis)* avec l'idéologie du passé.

LA TRAGÉDIE, UN ART DU Vᵉ SIÈCLE

Tragédie et démocratie

•

De tous les genres littéraires apparus au vᵉ siècle, le plus fécond fut sans conteste la tragédie. On estime à plusieurs centaines le nombre d'œuvres créées à l'occasion des Grandes Dionysies. S'il ne nous reste de Sophocle que sept tragédies et un drame satyrique incomplet, il ne faut pas oublier qu'à lui seul il composa plus de cent-vingt pièces ! Autant dire qu'il y eut à Athènes, pendant près d'un siècle, un véritable engouement pour la tragédie. Seulement, à la différence des autres genres, celle-ci s'éteint à l'aube du ivᵉ siècle. Il n'y a plus alors de créations dignes de ce nom, et on se contente de reprendre les œuvres d'Eschyle, de Sophocle et d'Euripide, reconnus désormais comme les maîtres du genre tragique.
L'évolution de la tragédie se confond en fait avec celle de la démocratie athénienne. Les dernières productions d'Euripide et de Sophocle, représentées à titre posthume entre 406 et 401, coïncident avec l'effondrement des institutions démocratiques quand, à l'issue de la guerre du Péloponnèse (404), Sparte impose à Athènes un gouvernement oligarchique. Quant aux premières pièces d'Eschyle, elles remontent aux années 500-490, alors que les réformes de Clisthène ont renforcé le processus démocratique (cf. *Vivre au temps de Sophocle*) et que, déjà, s'affirment les visées impérialistes d'Athènes.

Une origine controversée

•

Si les circonstances du déclin de la tragédie nous sont bien connues, il en va autrement de son origine. La signification même de son nom – littéralement « chant du bouc » – a été longuement discutée, sans résultat convaincant. Faut-il rapprocher ce bouc des satyres traditionnellement associés au culte de Dionysos ? Faut-il voir dans le bouc la récompense accordée aux premiers vainqueurs des concours dramatiques ? ou bien encore une victime offerte en sacrifice, dans une intention purificatrice, lors de cérémonies rituelles destinées à entretenir le culte des héros dont se réclamaient les plus illustres familles ? Devant toutes ces questions, force est de constater que l'origine de la tragédie reste un mystère. Il est sûr cependant, et c'est là l'essentiel, qu'elle fut très vite rattachée au culte de Dionysos, venu d'Orient et fortement populaire. Dès la fin du VIe siècle, le tyran Pisistrate, désireux de plaire au petit peuple et d'assurer la cohésion nationale, instaura les concours des Grandes Dionysies. Lors de ces fêtes où l'on célébrait dans la joie le dieu du vin et de l'ivresse, Thespis, costumé et masqué, modifia le traditionnel chant choral (dithyrambe) entonné à la gloire de Dionysos. Il eut l'idée de faire dialoguer le chef du chœur (coryphée) avec les choreutes, et par là donna à la tragédie sa forme embryonnaire. Après lui, l'Athénien Phrynicos accrut l'importance de ce « répondant », qui devint un véritable acteur. Mais l'action dramatique, et donc la tragédie à proprement parler, se développa véritablement avec Eschyle et l'introduction d'un second acteur. En 472, sa tragédie, *Les Perses,* remporta un triomphe : elle glorifiait en effet la victoire récente des Athéniens sur les Perses (à Salamine). C'est bien cet enthousiasme collectif qui assura par la suite, et pendant longtemps, le succès de la tragédie, même si elle n'aborda plus des sujets d'une actualité aussi brûlante. La tragédie est donc indissociable de la grandeur d'Athènes. Les conditions mêmes de sa représentation expliquent, en partie, comment elle put contribuer à l'exaltation du sentiment national et au renforcement du corps civique.

LES CONCOURS DRAMATIQUES

Une manifestation religieuse et publique

•

À Athènes, on ne représentait des tragédies que dans le cadre des fêtes religieuses consacrées à Dionysos : aux Dionysies agraires, en hiver, parfois aux Lénéennes (depuis 433), mais surtout aux Grandes Dionysies, fêtes somptueuses célébrées au printemps pour marquer le triomphe du dieu de la fécondité sur l'hiver. Cette particularité explique deux aspects importants de la tragédie : le sacré n'en est jamais absent (la présence de l'autel de Dionysos au centre de l'orchestre suffit à le prouver), et la tragédie s'adresse à un vaste public, tous les citoyens, même les plus pauvres, étant rassemblés pour cette cérémonie solennelle qui avait en plus un caractère de fête nationale. Ces fêtes drainaient aussi une foule nombreuse, venue de toutes les régions du monde hellénisé assister à ce que la Cité la plus prospère pouvait produire de plus fastueux. À l'occasion de ces festivités qui duraient six jours, au théâtre de Dionysos, avaient lieu d'abord la présentation officielle des candidats aux concours, suivie d'une magnifique procession lors de laquelle la statue de Dionysos était apportée au théâtre, puis des concours dithyrambiques (chants du chœur) et enfin, les trois derniers jours, les concours dramatiques. L'État jouait un rôle déterminant dans l'organisation de ces fêtes, puisque c'était le principal magistrat de la Cité (l'archonte éponyme) qui sélectionnait les poètes et désignait les chorèges, riches citoyens chargés de pourvoir aux frais nécessités par le chœur. Chaque jour, un concurrent donnait à la suite trois tragédies, suivies d'un drame satyrique (pièce d'inspiration plus joyeuse). À l'issue de ces trois jours, dix juges, tirés au sort parmi les représentants des dix tribus, proclamaient le nom du vainqueur, après avoir pris en compte le sujet des pièces mais aussi les chœurs, la musique, les costumes, le décor, bref l'ensemble du jeu dramatique. Le vainqueur recevait une couronne d'olivier sacré, parfois une somme d'argent, le chorège ayant droit à une couronne et un trépied.

Organisation matérielle

L'organisation matérielle du théâtre grec est fondalement différente de notre conception intimiste de l'espace théâtral. Le théâtre grec est un vaste théâtre de plein air, souvent adossé à une colline. On y distingue trois parties essentielles :

- le *théâtron* (en grec, « l'endroit d'où l'on peut voir ») : lieu réservé aux spectateurs, il s'agit de gradins disposés en hémicycle au flanc d'une colline. Les spectateurs y accèdent par des escaliers qui délimitent plusieurs sections ;
- l'*orchestre* : place centrale circulaire. Son nom vient d'un verbe grec signifiant « danser ». C'est là qu'évolue le chœur dont les chants sont toujours accompagnés de figures, de déplacements. Il y accédait au début de la représentation grâce à deux entrées latérales (*parodos*) ;
- la *skéné* (scène) et le *proskénion* (avant-scène) : lieux réservés aux protagonistes (acteurs). La scène est un édifice (à l'origine, une tente) qui sert de coulisses aux acteurs. Sa façade antérieure ou mur de scène constitue le décor principal. Il représente généralement l'entrée d'un palais ou d'un temple. Il est

percé de trois portes permettant l'entrée et la sortie des personnages : une pour les femmes à gauche, une pour les hôtes à droite, et une porte centrale ou porte royale. Le *proskénion,* espace rectangulaire situé devant le mur de scène, correspond à notre scène : c'est l'estrade surélevée où jouaient les acteurs. Au Ve siècle, toutes ces constructions sont en bois et reconstruites chaque année. Le théâtre permanent en pierre est plus tardif (IVe siècle).
Les trois acteurs qui se partageaient tous les rôles de la tragédie (les rôles féminins étaient tenus par des hommes) portaient des masques et des costumes qu'ils changeaient dans les coulisses pour passer d'un rôle à l'autre. Les choreutes aussi étaient masqués. L'origine du masque remonte aux travestissements en usage dans le culte de Dionysos (visages peints, barbouillés de lie et de céruse). Par la suite, il prit une valeur esthétique. Le masque couvre toute la tête et est surmonté d'une immense perruque. Au Ve siècle, il n'évoque que très imparfaitement la psychologie d'un personnage : quelques plis sur le front, des lèvres saillantes, une bouche plus ou moins entrouverte, quelques touches de peinture sont les seuls moyens dont dispose l'artiste pour faire ressortir le pathétique. À l'époque post-classique, en revanche, un art subtil enrichira les expressions des visages. Le costume tragique vient, lui aussi, du costume d'apparat que portaient les prêtres lors des cérémonies dionysiaques. Il est constitué de deux vêtements longs : une tunique à manches et un manteau, amples et resserrés à la poitrine, ce qui grandissait le personnage déjà rehaussé par le port des cothurnes (hautes chaussures de scène). Le costume, très différent du vêtement porté dans la vie courante, est somptueux, bariolé et décoré de broderies variées : motifs géométriques, arabesques, figures animales ou humaines. Le roi porte traditionnellement un vêtement de couleur pourpre, symbole de majesté. Les vêtements sombres, noirs surtout, évoquent le deuil et l'infortune. Les serviteurs, eux, se reconnaissent à un vêtement plus court.
L'action combinée de tous ces éléments : climat de fête religieuse, cadre imposant, masques et costumes chatoyants, évolutions du chœur dans l'orchestre, fait de la tragédie un spectacle grandiose, tout à la gloire d'Athènes.

MYTHE ET TRAGÉDIE

Dès son origine la tragédie se nourrit de la matière propre à l'épopée : le mythe. C'est, en effet, dans les récits légendaires, fruit d'une élaboration collective et aboutissement d'une longue tradition orale, que les dramaturges vont puiser leur inspiration. Aussi retrouve-t-on, d'une tragédie à l'autre, les héros popularisés par l'épopée. Parmi eux figurent en bonne place Agamemnon, Ulysse, Thésée, Hercule, Jason et, bien sûr, Œdipe. Rares sont les tragédies faisant apparaître des personnages autres que des héros de légendes. De toutes celles qui nous sont parvenues, seule *Les Perses* d'Eschyle (472) emprunte son sujet à l'actualité.

Curieusement donc, en ce Ve siècle « éclairé » où la pensée scientifique, historique et philosophique évacue le mythe dans une démarche rationnelle, au moment où, dans l'art, les formes rivalisent de grâce et de beauté pour affirmer leur confiance en l'homme, la tragédie fait ressurgir les mythes les plus cruels du passé. Mais elle les aborde différemment, et, par le biais du théâtre, la pensée traditionnelle se trouve revivifiée, réactualisée.

La tragédie ou le mythe mis en scène

•

Tout d'abord, par rapport au mythe qui « raconte », la tragédie innove dans la mesure où elle « montre ». Car son originalité tient à ce qu'elle est, selon la définition célèbre d'Aristote, une « imitation » *(mimésis)* d'êtres agissants :

> *« La tragédie est l'imitation d'une action de caractère élevé et complète, d'une certaine étendue, dans un langage relevé d'assaisonnements d'une espèce particulière suivant les diverses parties, imitation qui est faite par des personnages en action et non au moyen d'un récit, et qui, suscitant pitié et crainte, opère la purgation propre à pareilles émotions. »*
>
> Aristote, *Poétique*, 6, traduction de J. Hardy, Les Belles Lettres, 1977.

L'action n'étant plus racontée, mais jouée, interprétée par des acteurs, le spectateur est amené à partager plus intensément les souffrances, les angoisses des personnages. Même si les dramaturges évitent de mettre sous les yeux du public les actions les plus violentes (la pendaison de Jocaste ou l'automutilation d'Œdipe, par exemple), ils recherchent avant tout le pathétique. Tel est le cas dans le prologue d'*Œdipe Roi* où Sophocle montre le peuple venu s'assembler autour du roi pour déplorer les ravages de la peste. Plus encore, la vision finale d'Œdipe aveugle, dans un état proche du délire et incapable de se séparer de ses filles, ne peut manquer de faire naître la terreur et la pitié, ces deux émotions qu'Aristote place à la source du plaisir tragique. Qu'on suive ou non ce dernier sur le terrain de la « catharsis » (purgation des passions), on doit admettre avec lui que le principal effet de la tragédie est dans cet impact émotionnel, d'autant plus fort qu'il est ressenti collectivement.

La tragédie ou le mythe librement concentré

•

La force de la tragédie vient par ailleurs de ce qu'elle concentre toute l'action sur un seul épisode. À la multiplicité du mythe s'oppose la rigoureuse unité de la tragédie. *Œdipe Roi* ne présente qu'un moment très restreint de l'ample fresque thébaine, celui où Œdipe, se découvrant rétroactivement parricide et incestueux, s'inflige un cruel châtiment. Soucieux de ne pas s'écarter de cette ligne directrice, Sophocle refuse la tentation du pittoresque (la Sphinge, par exemple, n'est pas décrite) et ne rappelle du passé que ce qui est strictement nécessaire à l'action.
Une autre particularité de la tragédie tient à ce qu'elle aborde le mythe avec une grande liberté. Les poètes tragiques pouvaient, en effet, à la fois suivre des versions différentes d'un même mythe, modifier considérablement des motifs empruntés à la tradition (cf. *Les sources littéraires*), et même en ajouter d'autres, de leur invention (comme celui de la peste dans *Œdipe Roi*). Car la matière mythique, loin d'imposer un cadre rigide, était suffisamment malléable pour épouser des formes nouvelles et susciter l'esprit créatif des dramaturges. Aussi bien, pour les spectateurs, l'originalité n'était-elle pas dans le sujet des pièces, qu'ils connaissaient globalement, mais dans la façon dont il était traité et, surtout, réinterprété. L'orientation de la pièce de Sophocle devait leur paraître plus pessimiste que celle d'Eschyle, puisqu'elle mettait en lumière l'innocence persécutée par les dieux (cf. *Les sources littéraires*). La tragédie qu'Euripide composa quelques années plus tard sur le même thème est perdue, mais elle avait une portée bien différente encore, dans la mesure où elle montrait, on le sait, Œdipe aveuglé par ses propres serviteurs, à l'instigation de Créon !

La tragédie ou le mythe réactualisé

•

Au-delà de ces particularités formelles, un des plus grands paradoxes de la tragédie, c'est de ramener sans cesse le spectateur, derrière l'écran que forment le passé légendaire et la majesté du spectacle, à des préoccupations de son temps.

Ainsi, sous le masque du personnage de légende, Œdipe cristallise-t-il une double réalité, confrontant le spectateur à une expérience suffisamment proche pour qu'elle l'interpelle. Œdipe est en effet, à lui seul, l'image du passé politique d'Athènes : il renvoie aussi bien au modèle aristocratique, centré sur l'héroïsme, qu'à l'expérience plus récente de la tyrannie (cf. *Vivre au temps de Sophocle*). Le rejet dont il est victime à la fin de la tragédie dit suffisamment combien il y avait, pour les spectateurs du ve siècle, incompatibilité entre l'idéal de la *polis* et les structures du passé. De façon détournée donc, la tragédie exprime les tensions qui déchiraient les consciences, en cette époque charnière où s'effondraient les valeurs du passé pour laisser place à un ordre nouveau. Si la tragédie grecque fleurit subitement au ve siècle pour disparaître au début du siècle suivant, c'est certainement parce qu'elle correspond à un moment de profondes transformations dans la société et la mentalité athéniennes. Le monde égalitaire de la *polis*, de la cité démocratique, diffère profondément de l'âge héroïque, dominé par une aristocratie princière, soucieuse d'exalter ses hauts faits par le biais de héros à mi-chemin entre les hommes et les dieux. Contrairement donc à l'épopée, qui glorifiait les héros – même dans leur infortune –, la tragédie les ravale au rang de l'humanité moyenne, faite d'épreuves et de souffrances, et soumise à des règles. La tragédie n'est peuplée que de personnages poursuivis par la haine des dieux, de destins brisés, de passions dévastatrices et des pires atrocités. Des personnages aussi glorieux qu'Agamemnon, Ulysse ou Jason subissent toujours une dévalorisation de leur statut héroïque quand ils sont projetés de l'épopée sur la scène tragique. Faisant l'épreuve des limites imposées à la condition humaine, non seulement le héros tragique ne se situe plus au-delà de l'humanité, mais il peut même basculer en-deçà s'il se laisse emporter par la démesure (l'*hybris*). Tout le destin d'Œdipe est inscrit entre ces deux pôles extrêmes : de « surhumain » au début de la tragédie, le héros est à la fin précipité dans les abîmes de l'« inhumain ». Pour avoir transgressé tous les interdits qui, à tous les niveaux, fondent la vie en société, il est anéanti. D'une façon exemplaire, *Œdipe Roi* dit le chaos, les désastres entraînés par la confusion des deux ordres qui doivent désormais être séparés : l'humain et le divin. Car la tragédie, émanation d'une société démocratique, ne reconnaît plus ce stade intermédiaire qu'occupait jadis le héros, mi-homme mi-dieu, dans l'épopée. Alors que ses lointains ancêtres, notamment dans la première génération des dieux (les Titans), pouvaient impunément pratiquer le crime et l'inceste, le héros tragique bute contre l'interdit. Sa conscience morale s'éveille et, dans un sursaut d'horreur, il se découvre coupable :

> *« Dans le cadre nouveau du jeu tragique, le héros a donc cessé d'être un modèle ; il est devenu, pour lui-même et pour les autres, un problème. »*
>
> J.-P. Vernant, P. Vidal-Naquet, *Mythe et tragédie en Grèce ancienne*, Maspero, 1972, rééd. La Découverte, 1981.

Faisant appel au mythe, la tragédie maintient certes le lien avec une forme de pensée traditionnelle où affleure l'irrationnel, mais elle la charge d'un contenu très différent, en rupture le plus souvent avec l'héritage du passé. Regroupée dans l'enceinte du théâtre, la communauté tout entière exorcise les vieux démons, les tentations d'un retour en arrière. Art du questionnement, du conflit et de la crise, la tragédie n'existe que dans la douloureuse confrontation du passé et du présent, de l'humain et du divin, de l'homme avec lui-même.

Les infortunes d'Œdipe ne sont qu'un épisode d'un ensemble complexe de légendes, allant – avec des versions concurrentes – de la fondation de Thèbes par Cadmos à sa destruction par les Épigones, fils des sept chefs qui s'étaient ralliés à la cause de Polynice contre Étéocle.
Dans cette histoire devenue exemplaire, se trouvent amalgamés autour d'un même héros des motifs disparates. Certains sont issus de rituels ancestraux, dont le sens s'était perdu, comme le parricide, symbolisant la succession du fils au père, ou le mariage avec la mère, avatar de l'antique hiérogamie où le roi célébrait annuellement son union avec une déesse ; d'autres viennent tout droit du folklore, comme la victoire sur le monstre ou le mariage avec la princesse. Mais tous, dans leur forme primitive, avaient trait à la conquête du pouvoir. Il est curieux de noter que ces motifs, destinés à l'origine à magnifier la figure royale, aboutissent chez les tragiques au résultat inverse : ils ne hissent le roi au-dessus des autres hommes que pour mieux concourir à sa perte ! On le voit bien à la fin de la tragédie de Sophocle, où Œdipe est bel et bien un roi déchu.

L'*ŒDIPODIE* ET LA *THÉBAÏDE* (*~ VIIIᵉ s. av. J.-C.*)

Le fonds légendaire auquel se rattache l'histoire d'Œdipe fut entretenu oralement longtemps avant d'être fixé par écrit dans deux épopées : l'*Œdipodie* et la *Thébaïde*. Ces deux poèmes ne nous sont pas parvenus, mais on en retrouve l'écho dans l'épopée homérique (VIIIᵉ s. av. J.-C.) et la poésie lyrique (VIᵉ s. av. J.-C.). C'est à cette même source que puisèrent Eschyle, Sophocle et Euripide (Vᵉ s. av. J.-C.) quand, à plusieurs reprises dans leur carrière, ils portèrent sur la scène les déboires de la famille royale de Thèbes.
D'après les rares témoignages des mythographes sur l'*Œdipodie,* il apparaît que la mère d'Œdipe (nommée Épicaste) se pendait tout de suite après son mariage avec son fils et la découverte de l'inceste. Les enfants d'Œdipe n'étaient pas nés de cette union, mais de son second mariage avec Euryganeia. Les Tragiques imposèrent une version beaucoup plus pathétique, plus riche aussi sur le plan dramatique, en faisant naître quatre enfants de cette union incestueuse.
Quant aux trois fragments conservés de la *Thébaïde,* ils nous apprennent qu'Œdipe, après l'horrible découverte, vivait toujours à Thèbes, sans doute aveugle. Il ne régnait pas, mais dépendait pour sa subsistance de ses fils, qui l'avaient vraisemblablement relégué au fond du palais. À deux reprises, il maudissait ses fils, leur souhaitant de partager ses biens à la

pointe de l'épée et de mourir sous les coups l'un de l'autre. Œdipe s'était, en effet, senti outragé, une première fois quand Polynice avait placé devant lui la table en argent et la coupe en or héritées de ses ancêtres, et une deuxième fois quand Étéocle et Polynice, après un sacrifice, lui avaient envoyé une hanche de la victime au lieu de l'épaule, part traditionnellement réservée au roi.

Sophocle s'est donc, dans *Œdipe roi*, fortement démarqué de la tradition épique. Si Créon ordonne bien à Œdipe de se cacher dans le palais, ce dernier demande à être exilé loin de Thèbes. Il n'a, d'autre part, aucune parole malveillante envers ses fils. Quant au motif de la malédiction, il est profondément transformé, puisqu'Œdipe est lui-même victime des imprécations qu'il lance contre les Thébains.

HOMÈRE

Le parricide, l'inceste et la pendaison de Jocaste sont des thèmes bien connus d'Homère. Ils apparaissent au chant XI de l'*Odyssée,* quand Ulysse, descendu aux Enfers, rencontre parmi les morts « *la mère d'Œdipe, la belle Épicaste qui, dans l'ignorance de son esprit, commit un acte affreux ; elle épousa son propre fils. Celui-ci, après avoir tué son père, devint le mari de sa mère. Mais bientôt les dieux révélèrent ces choses parmi les hommes. Lui, dans l'aimable Thèbes, régnait sur les Cadméens, mais frappé de maux cruels par la volonté des dieux. Quant à la reine elle descendit chez le puissant Hadès aux portes solidement closes, car elle avait, en proie à la douleur, attaché un lacet au plafond élevé de son palais. À son fils elle laissa en héritage les tourments sans nombre que déchaînent les Érinyes d'une mère* » (v. 271 à 280, traduction de Médéric Dufour et Jeanne Raison, Garnier-Flammarion, 1965).

Ces « *maux cruels* » font-ils allusion à l'aveuglement d'Œdipe ? On ne saurait l'affirmer ; pas plus que dans la *Thébaïde,* il n'est prouvé que ce motif appartienne à la plus ancienne tradition. Ce qui est sûr, c'est qu'Homère ignore lui aussi l'exil d'Œdipe. À la différence cependant de la *Thébaïde*, et plus encore de la version proposée par Sophocle, Œdipe n'est pas chez lui un roi déchu, puisqu'il continue à régner sur les Thébains. Au chant XXIII de l'*Iliade* (v. 676 à 680), on apprend même qu'il mourut au combat, en vaillant défenseur de sa patrie, et que des jeux funèbres grandioses furent célébrés en son honneur.

ESCHYLE

En 467 av. J.-C., Eschyle avait remporté le premier prix aux Grandes Dionysies avec une trilogie consacrée à la légende thébaine : *Laïos, Œdipe* et *Les Sept contre Thèbes.* Les deux premières tragédies sont perdues, mais la dernière, centrée sur la lutte fratricide qui opposa les deux fils d'Œdipe, suffit à imaginer la façon dont l'illustre devancier de Sophocle avait traité le thème. Au moment, en effet, où l'expédition des sept chefs argiens, conduite par Polynice, menace de ruiner Thèbes, le chœur rappelle l'origine d'un tel malheur :

« Je pense à la faute ancienne, vite châtiée, et qui pourtant dure encore à la troisième génération, la faute de Laïos, rebelle à Apollon, qui, par trois fois, à Pythô, son sanctuaire prophétique, centre du monde, lui avait déclaré qu'il devait mourir sans enfant, s'il voulait le salut de Thèbes.
Mais Laïos succombe à un doux égarement, et il engendre sa propre mort, Œdipe le parricide, qui a osé ensemencer le sillon sacré où il s'était formé et y planter une souche sanglante : un délire unissait les époux en folie !
Et maintenant une mer de maux vers nous pousse ses lames. Si l'une s'écroule, elle en soulève une autre, trois fois plus puissante, qui gronde et bouillonne autour de la poupe de notre cité.
Entre elle et nous ne s'étend d'autre défense que l'épaisseur d'un médiocre rempart ; et j'ai peur que Thèbes ne succombe avec ses rois.
Car voici que s'achève le douloureux règlement des imprécations d'autrefois. Les misérables voient les désastres passer à côté d'eux. Ils doivent au contraire jeter force lest du haut de leur poupe, les mortels entreprenants dont la prospérité s'est démesurément accrue.
Quel homme fut jamais honoré à la fois des dieux assis au foyer de Thèbes et de l'agora populeuse comme était révéré Œdipe, depuis qu'il avait délivré cette terre du monstre qui lui ravissait ses hommes ?
Mais, quand il eut, l'infortuné, pris soudain conscience de son malheureux hymen, dans sa douleur impatiente, dans le délire de son âme, il acheva un double malheur : de sa main parricide, il se sépara de ses yeux – ses yeux plus chers que ses fils !
Et contre ses fils mêmes, indigné de leurs piètres soins, hélas ! il lança des imprécations amères :
C'est le fer au poing qu'ils se partageraient ses biens ! et je tremble maintenant qu'elles ne soient réalisées par l'Érinys au jarret souple. »

Eschyle, *Les Sept contre Thèbes*, v. 742 à 791,
traduction de Paul Mazon,
« Le Livre de Poche », L.G.F., 1966.

La ville de Thèbes et les fils d'Œdipe – après Œdipe lui-même – subissent donc le châtiment de la faute de Laïos, qui a désobéi à l'injonction divine en engendrant un fils. Il est même probable qu'Eschyle faisait remonter cette haine des dieux à la malédiction lancée par Pélops contre Laïos, coupable d'avoir introduit l'homosexualité chez les hommes (il avait séduit le jeune fils de Pélops, Chrysippos, qui s'était suicidé de honte). L'important toutefois, c'est que, dans la conception eschylienne, les malheurs frappant en chaîne la race de Laïos font partie d'un plan de justice divine. Tout laisse supposer que dans la tragédie perdue consacrée à Œdipe, Eschyle ne présentait pas un innocent frappé sans motif par les dieux : Œdipe payait pour la faute de Laïos, mais il contribuait aussi, très vraisemblablement, à sa propre perte en se rendant coupable de quelque excès.

Tout autre est la perspective de Sophocle. Dans *Œdipe Roi* la colère divine n'est pas motivée. Œdipe, faisant la douloureuse épreuve de la condition humaine, est le jouet des dieux. D'Eschyle à Sophocle, une barrière infranchissable s'est dressée entre les dieux et les hommes, soumis à l'implacable vouloir divin, sans qu'ils puissent vraiment en comprendre la raison.

Notons enfin que la tragédie d'Eschyle devait se terminer par les imprécations d'Œdipe contre ses fils, trop négligents à son égard. Ces malédictions, empruntées à la *Thébaïde* et devenues proverbiales, reviennent, en effet, avec insistance dans *Les Sept contre Thèbes* :

> « ÉTÉOCLE – *Ah ! race furieuse, si durement haïe des dieux ! Ah ! race d'Œdipe, ma race ! – digne de toutes les larmes ! Hélas ! voici accomplies aujourd'hui les malédictions d'un père !* »
>
> Eschyle, *op. cit.*, vers 653 à 655.

> « LE CHŒUR – *J'ai peur que celle qui détruit les maisons, la déesse si peu semblable aux déesses, la prophétesse trop véridique de malheurs, l'Érinys appelée par les vœux d'un père, n'accomplisse les imprécations courroucées d'Œdipe en démence : c'est à leur perte que ce conflit jette ses fils.* »
>
> *Id.*, vers 720 à 726.

La tragédie de Sophocle était donc d'une grande nouveauté. Construite sur des motifs bien attestés par la tradition, elle les « réinvente » en les agençant différemment, en leur donnant une coloration nouvelle. Toute l'originalité de la pièce est dans ce paradoxe.

ANTIGONE

En 441 av. J.-C., vingt ans environ avant la création *d'Œdipe Roi*, Sophocle avait remporté un immense succès en mettant en scène le destin tragique d'Antigone, fille d'Œdipe.
Dans la prière finale qu'Œdipe adresse à Créon à propos de ses filles (v. 1492 à 1514), les spectateurs devaient retrouver un écho des plaintes devenues célèbres d'Antigone :

> *« Privée de pleurs de deuil, sans amis, sans mari, me voici, malheureuse, entraînée sur la route qui s'ouvre devant moi ! Infortunée, je n'aurai plus le droit de contempler l'éclat de ce flambeau sacré ; et, sur mon sort que nul ne pleure, pas une bouche amie pour pousser un gémissement ! »*
>
> *Antigone*, Trad. de Paul Mazon, coll. « Folio », Gallimard.

Mais sur le sort même d'Œdipe, *Antigone* ne contient que très peu de renseignements :

- au début tout d'abord, quand la jeune fille rappelle à sa sœur Ismène que leur père *« a fini odieux, infâme : dénonçant le premier ses crimes, il s'est lui-même, et de sa propre main, arraché les deux yeux. Songe à celle qui fut et sa mère et sa femme, qui mérita ce double nom et détruisit sa vie dans le nœud d'un lacet »* ;
- puis, à la fin, quand, avant de mourir ensevelie vivante au creux d'un rocher, sur ordre de Créon, pour avoir rendu les honneurs funèbres à son frère Polynice, elle déplore devant le chœur le sort des Labdacides :

> *« Tu touches là au plus cruel de mes soucis, au sort lamentable, cent fois ressassé, de mon père, et, du même coup, à tout notre destin, à nous, les nobles Labdacides. Ah ! fatal hymen d'une mère ! incestueuses étreintes qui aux bras de mon père ont mis ma mère infortunée !*
> *De quels coupables suis-je issue, misérable ! Et ce sont ceux qu'aujourd'hui, maudite, sans hymen, je m'en vais rejoindre à mon tour. »*
>
> *Ibid.*

Sophocle laisse volontairement dans l'ombre la suite des malheurs qui ont déjà éprouvé la race de Laïos. Il ne s'intéresse qu'à la révolte d'Antigone face à Créon, héritier du trône de Thèbes et soumis à son tour à un cruel renversement de fortune. Il ne dit pas au bout de combien de temps ni comment a éclaté la querelle fratricide. Mais le plus curieux, c'est qu'il n'est pas encore question d'un exil errant d'Œdipe, guidé par Antigone. Cette version, qui commence à voir le jour à la fin *d'Œdipe Roi* – de façon très ambiguë toutefois –, ne s'imposera que plus tard, avec les *Phéniciennes* d'Euripide (vers 410) et, surtout, avec la dernière tragédie de Sophocle, *Œdipe à Colone*, représentée après sa mort.

Dans ce troisième volet des tragédies consacrées à Œdipe, Sophocle redonnera à son personnage le statut héroïque qu'il avait perdu dans *Œdipe roi*. Le paria, condamné à errer misérablement, trouvera refuge en Attique, auprès du roi Thésée. Sa tombe sera honorée à Colone, et il sera désormais pour Athènes un héros tutélaire.

Œdipe tyran *de Muller, d'après Sophocle.*
Mise en scène de Matthias Langhoff, théâtre Vidy de Lausanne, 1992.

- La **peste** s'est abattue sur Thèbes.
- Œdipe a envoyé Créon consulter **l'oracle de Delphes** (v. 68 à 72).

DÉROULEMENT DE LA PIÈCE		LE PASSÉ
PROLOGUE • Le peuple, par l'intermédiaire du prêtre de Zeus, **supplie** Œdipe de le sauver. • Créon dévoile **la parole d'Apollon** : il faut punir le meurtrier de Laïos, dont la présence **souille** le sol thébain. • Œdipe, bien déterminé à découvrir l'assassin de Laïos, lance **l'enquête**.		• Œdipe a déjà **sauvé** Thèbes des ravages de la Sphinge. • Laïos, l'ancien roi de Thèbes, a été tué dans des circonstances demeurées mystérieuses.
PARODOS Le chœur : – s'interroge sur le sens de l'oracle ; – appelle les dieux à son secours ; – se lamente sur la peste.	HORS SCÈNE Œdipe, sur le conseil de Créon, a envoyé deux messagers chercher Tirésias.	
PREMIER ÉPISODE • Œdipe **maudit** publiquement le meurtrier de Laïos. • Tirésias refuse de parler. Dans la violente altercation qui suit, Œdipe accuse le devin d'avoir comploté le meurtre, avec la **complicité de Créon**. • Tirésias révèle qu'Œdipe est l'assassin de Laïos ; il lui laisse entrevoir sa cruelle destinée.		• Des voyageurs seraient cause de la mort de Laïos. • Œdipe se vante d'avoir autrefois su vaincre la Sphinge.
PREMIER STASIMON Le chœur : – s'interroge sur l'identité du coupable ; – est en proie à des incertitudes ; il refuse cependant de croire Tirésias.	HORS SCÈNE Créon est informé des accusations d'Œdipe.	

DÉROULEMENT DE LA PIÈCE	LE PASSÉ
DEUXIÈME ÉPISODE	
• Créon s'indigne des accusations qui pèsent sur lui. • Œdipe **accuse violemment Créon** de vouloir s'emparer du pouvoir. Celui-ci se défend en vain : Œdipe veut le faire mettre à mort.	• L'enquête autrefois menée sur le meurtre n'a pas abouti. Le devin n'est pas alors intervenu.
• Jocaste et le chœur interviennent en faveur de Créon.	
• Pour chasser les craintes d'Œdipe, Jocaste rappelle l'**inefficacité de l'oracle** autrefois rendu à Laïos.	• Émanant d'Apollon, un **oracle** avait prédit à Laïos qu'il mourrait sous les coups de son fils. • Laïos a fait **exposer l'enfant** sur une montagne déserte.
• Mais les propos de Jocaste **sèment le trouble** dans l'esprit d'Œdipe, qui doute désormais de son innocence.	• Laïos a été assassiné à **la croisée de trois chemins**, en Phocide, peu avant l'arrivée d'Œdipe à Thèbes. • Le seul survivant du drame, un serviteur de Laïos, a, depuis, demandé à vivre loin de Thèbes.
• Œdipe demande à Jocaste de faire venir l'unique témoin des événements.	
• Œdipe se souvient du **meurtre** qu'il commit autrefois avant d'arriver à Thèbes.	• Accusé d'être un enfant supposé, Œdipe a quitté Corinthe et consulté **l'oracle** de Delphes. Pour échapper au parricide et à l'inceste, il a pris la fuite. En route, il a tué un étranger ainsi que son escorte.
• Mais le témoin a parlé de plusieurs agresseurs.	

DÉROULEMENT DE LA PIÈCE		LE PASSÉ
DEUXIÈME STASIMON Le chœur : – aspire à la pureté ; – condamne la démesure, tout ce qui transgresse les lois divines. – s'indigne devant l'attitude sacrilège d'Œdipe et de Jocaste.	HORS SCÈNE Jocaste envoie chercher le servireur de Laïos.	
TROISIÈME ÉPISODE • Le messager corinthien annonce la mort de Polybe. C'est donc la preuve de l'impuissance des oracles : Œdipe n'a plus à craindre de devenir le meurtrier de son père ! • Il continue cependant à redouter l'union incestueuse avec sa mère. • Le messager corinthien, pour le rassurer, révèle à Œdipe que Polybe et Méropé ne sont pas ses vrais parents. • Il se pourrait que ce berger de Laïos soit aussi le témoin du crime. • Jocaste a deviné la vérité. Elle tente en vain d'arrêter les investigations d'Œdipe. • Œdipe est persuadé que Jocaste a honte de son humble naissance.		• Sur le mont Cithéron, un berger de Laïos a remis Œdipe au berger corinthien, qui l'a confié à son tour au roi et à la reine de Corinthe.
TROISIÈME STASIMON Le chœur : – célèbre le Cithéron, berceau d'Œdipe ; – chante la naissance mythique d'Œdipe.	HORS SCÈNE Jocaste se suicide.	
QUATRIÈME ÉPISODE • Œdipe soumet le vieux serviteur de Laïos à un interrogatoire serré. • La vérité apparaît au grand jour : Œdipe est coupable de parricide et d'inceste.		• Ce serviteur a été chargé par Laïos et Jocaste d'exposer l'enfant sur le Cithéron. Pris de pitié, il l'a remis au berger corinthien.

DÉROULEMENT DE LA PIÈCE		LE PASSÉ
QUATRIÈME STASIMON Le chœur : – déplore le néant de la vie humaine ; – chante son horreur et sa pitié face au cruel destin d'Œdipe.	HORS SCÈNE Œdipe découvre Jocaste pendue dans sa chambre. Il se crève les yeux.	
EXODOS • Le messager du palais fait **le récit de la mort de Jocaste et de la mutilation d'Œdipe**. • L'apparition pathétique d'Œdipe et ses plaintes amères bouleversent le chœur. • Œdipe justifie son acte atroce. • Œdipe adresse ses dernières requêtes à Créon : l'exil loin de Thèbes, sur le Cithéron, et la prise en charge de ses filles. • Il fait ses **adieux** à ses deux filles. • Créon l'oblige à **rentrer dans le palais** en attendant la réponse du dieu qui doit statuer sur son sort.		• Il se remémore douloureusement son passé (l'exposition sur le Cithéron, sa vie à Corinthe, le meurtre à la croisée des trois chemins, son arrivée à Thèbes, ses noces fatales et la naissance d'une postérité monstrueuse).

On s'explique mal l'accueil réservé à la pièce de Sophocle au moment de sa création. Elle n'obtint que le second rang ; le premier prix fut décerné à un neveu d'Eschyle. Comment penser que le jury des Grandes Dionysies ait pu méconnaître les mérites d'une œuvre si magistralement construite et propre à faire naître les plus fortes émotions ? Ce fait est d'autant plus troublant que le talent de Sophocle était par ailleurs largement reconnu. En 441, par exemple, *Antigone* avait remporté un succès mémorable. Doit-on penser que le public fut dérouté par les innovations de Sophocle ? Ou bien, plus naturellement, qu'il fut effrayé par le spectacle de tant d'horreurs, brossant de la condition humaine un si sombre tableau ?

LES ANCIENS

Les nombreuses références à *Œdipe Roi* dans la *Poétique* montrent combien Aristote (384-322) fut fasciné par cette pièce qu'il présente comme un modèle de perfection :
- elle est construite selon un schéma efficace : le revirement du bonheur au malheur ;
- elle suscite l'horreur et la pitié : Œdipe, ni trop vertueux ni foncièrement mauvais, commet ses crimes sans savoir ;
- la reconnaissance d'Œdipe se fait sans artifice : elle découle des faits eux-mêmes et s'accompagne d'une péripétie (la nouvelle de la mort de Polybe par le messager corinthien).

De fait, à partir du IVe s. av. J.-C., la notoriété *d'Œdipe Roi* est bien assise : elle entre au répertoire des pièces régulièrement reprises.
Les Romains, à leur tour, éprouvent la même admiration pour l'œuvre maîtresse de Sophocle, puisque Sénèque (Ier s. ap. J.-C.), désireux de renouer avec l'art tragique, en fait le sujet de l'une de ses pièces.

LES MODERNES

L'enthousiasme des hommes de la Renaissance pour l'Antiquité classique ne manque pas de remettre à l'honneur la tragédie grecque. À la fin du XVIe siècle, tandis que R. Garnier reprend le personnage d'Œdipe dans son *Antigone* (1580), *Edipo Tiranno* est représenté avec faste, en 1585, au « théâtre olympique » de Vicence, conçu par l'architecte Palladio.
Mais cette renaissance d'une des plus grandes figures dramatiques de l'Antiquité ne va pas sans une certaine ambiguïté aux siècles suivants. Si la tragédie est devenue le genre noble, si les écrivains prennent pour modèles les œuvres de l'Antiquité, la sensibilité classique s'accommode mal d'un mythe offrant aux

yeux du public ce qu'il y a de plus violent, de plus choquant dans le comportement humain. Ainsi Corneille ne reprend-il ce sujet (*Œdipe*, 1659) qu'avec d'infinies précautions :

> *« Au reste je ne vous dissimulerai point qu'après avoir arrêté mon choix sur ce sujet, dans la confiance que j'aurais pour moi les suffrages de tous les savants, qui l'ont regardé comme le chef-d'œuvre de l'Antiquité... je n'ai pas laissé de trembler quand je l'ai envisagé de près, et un peu plus à loisir que je n'avais fait en le choisissant. J'ai reconnu que ce qui avait passé pour miraculeux dans ces siècles éloignés, pourrait sembler horrible au nôtre, et que cette éloquente et curieuse description de la manière dont ce malheureux prince se crève les yeux, et le spectacle de ces mêmes yeux crevés dont le sang lui distille sur le visage, qui occupe tout le cinquième acte chez ces incomparables originaux, ferait soulever la délicatesse de nos dames qui composent la plus belle partie de notre auditoire, et dont le dégoût attire aisément la censure de ceux qui les accompagnent ; et qu'enfin l'amour n'ayant point de part dans ce sujet, ni les femmes d'emploi, il était dénué des principaux ornements qui nous gagnent d'ordinaire la voie publique. »*
>
> Corneille, *Œdipe*, « Au lecteur », 1659.

Voltaire se montre plus intransigeant encore, puisqu'il n'hésite pas à faire précéder son *Œdipe* (1718) d'une critique de la pièce de Sophocle. Il relève de nombreuses fautes contre la vraisemblance, le fait par exemple qu'Œdipe n'interroge pas le vieux serviteur de Laïos sur les circonstances du meurtre, alors qu'il l'a fait venir dans ce but ; ou bien encore le fait qu'Œdipe, à la lumière des révélations de Tirésias et de Jocaste, ne comprenne pas plus tôt la vérité :

> *« Tant d'ignorance dans Œdipe et dans Jocaste n'est qu'un artifice grossier du poète, qui, pour donner à sa pièce une juste étendue, fait filer jusqu'au cinquième acte une reconnaissance déjà manifestée au second, et qui viole les règles du sens commun, pour ne point manquer en apparence à celles du théâtre. »*
>
> Voltaire, *Œdipe*, 1718.

Fort naïvement, Voltaire met toutes ces erreurs sur le compte d'un art qui, d'après lui, n'était encore, au temps de Sophocle, qu'à ses balbutiements :

> *« Je ne suis point étonné que, malgré tant d'imperfections, Sophocle ait surpris l'admiration de son siècle : l'harmonie de ses vers et le pathétique qui règne dans son style ont pu séduire les Athéniens, qui, avec tout leur esprit et toute leur politesse, ne*

pouvaient avoir une juste idée de la perfection d'un art qui était encore dans son enfance.»

Voltaire, *Lettre III à M. de Génonville*, éd. O.C. Delangle Frères, Paris, 1928.

Au XIXe siècle, les dramaturges se détournent des modèles antiques, ils cherchent leur inspiration ailleurs que dans les mythes de la Grèce classique. Mais cette éclipse est de courte durée car, dès 1871, le philosophe allemand Nietzsche relance l'intérêt pour la tragédie grecque avec son brillant essai sur *La Naissance de la tragédie*. Il rend hommage à la pièce de Sophocle :

«La figure la plus douloureuse du théâtre grec, le malheureux Œdipe, est interprété par Sophocle comme une figure de l'homme noble, destiné malgré sa sagesse à l'erreur et au malheur, mais qui finalement, par l'excès même de ses souffrances, exerce autour de lui une force magique bienfaisante dont l'action dure même après sa mort. Une âme noble ne saurait pécher, voilà ce que ce profond poète veut nous dire ; ses actions ont beau détruire les lois, l'ordre naturel et même le monde moral, elles tracent autour d'elles un cercle magique d'effets supérieurs qui édifient un monde nouveau sur les décombres de l'ancien effondré.»

F. Nietzsche, *La Naissance de la tragédie*, traduction de Geneviève Bianquis, Coll. «Idées», Gallimard, 1949.

Mais c'est au XXe siècle surtout qu'on procède à de nouvelles investigations du mythe d'Œdipe. Soumise à des méthodes d'approches très différentes, la pièce de Sophocle se pare d'un éclat nouveau, non dénué de mystère.

Pour J. de Romilly, *Œdipe Roi* montre l'homme aux prises avec le destin :

«La pièce, par la perfection de l'ironie qui en commande le développement, devait rester, pour les siècles à venir, le symbole de la façon dont le destin se moque de l'homme. [...]

De fait, quand ils parlaient de destin, les Grecs désignaient surtout la réalité, dans la mesure où elle échappe à l'homme. Eschyle avait bien essayé de lui trouver un sens, au nom d'une justice assez mystérieuse : Sophocle se contente de montrer l'impuissance de l'homme, qui ne peut l'influencer à son gré. Et en disant qu'elle est déterminée à l'avance, il ne fait que traduire l'expérience de cette impuissance en termes plus forts. De fait, tous les commentaires faits au cours de la pièce sur le sort d'Œdipe consistent à y voir une illustration éclatante de l'instabilité pesant sur les hommes en général ; aucun ne met en cause une volonté particulière visant un homme particulier, aucun ne cherche une cause par-delà les effets : le destin n'est vu que sous l'angle de l'igno-

rance humaine ; et il désigne moins une cause que le refus d'en considérer une.
Ainsi s'explique que la souveraineté du destin puisse ne s'accompagner d'aucune révolte. Au contraire, la connaissance de la faiblesse de l'homme laisse place, chez Sophocle, à une double confiance, dans l'homme et dans les dieux. »

J. de Romilly, *La Tragédie grecque*,
Coll. « Quadrige », P.U.F., 1970.

Pour J. Schérer, la pièce de Sophocle revêt une pluralité de sens, mais il insiste sur les tabous sexuels imposés par les temps nouveaux :

« *Le passage de l'endogamie peut davantage être retenu comme l'un des sens du récit œdipien. Chez les ancêtres préolympiens d'Œdipe, l'endogamie était constante, parce qu'indispensable. Il en reste des traces dans les générations suivantes. Mais Œdipe est un homme des temps nouveaux, en ce qu'il tient à pratiquer l'exogamie, fût-ce aux dépens de son bonheur personnel. Il est un héros de l'exogamie.*
Il est difficile de passer de l'endogamie à son contraire, et les aventures d'Œdipe illustrent précisément cette difficulté. Il a beaucoup voyagé et l'une des fonctions de ses voyages est de le mettre en présence d'une femme étrangère qu'il pourrait épouser. Or, comble de malchance, il rencontre partout, sans les reconnaître, des membres de sa proche famille : Laïos est son père, le Sphinx est sa sœur, Jocaste sa mère. C'est comme un fait exprès. La puissance de la fable vient de ce qu'elle semble précisément avoir été composée pour permettre ces coïncidences. De sorte que, loin d'exalter l'exogamie, le mythe en illustre les difficultés : dans un monde encore peu peuplé, n'est pas exogame qui veut. [...] *Puis, en quelques générations, l'inceste naguère obligatoire est devenu prohibé. Œdipe est le témoin et la victime de ce grand changement. Son mythe illustre avec sévérité la récente politique d'interdiction de l'inceste pour un public qui n'était peut-être pas entièrement convaincu de la légitimité de la loi nouvelle. Il fallait frapper fort pour éviter que les contrevenants se rappellent l'époque antérieure.* »

J. Schérer, *Dramaturgies d'Œdipe*,
coll. « écriture », P.U.F., 1987.

René Girard voit à l'œuvre, dans la pièce de Sophocle, un phénomène fondamental des religions primitives : une crise sacrificielle qui se manifeste par la montée de la violence collective et ne peut se résoudre que par le sacrifice d'une victime émissaire :

« *Pour délivrer la cité entière de la responsabilité qui pèse sur elle, pour faire de la crise sacrificielle la peste, en la vidant de sa violence, il faut réussir à transférer cette violence sur Œdipe, ou plus généralement sur un individu unique. Tous les protagonistes, dans le débat tragique, s'efforcent d'opérer ce transfert. L'enquête au sujet de Laïos, on l'a vu, est une enquête au sujet de la crise sacrificielle elle-même. Il s'agit toujours d'épingler la responsabilité du désastre sur un individu particulier, de répondre à la question mythique par excellence : « Qui a commencé ? » Œdipe ne réussit pas à fixer le blâme sur Créon et Tirésias mais Créon et Tirésias réussissent parfaitement à fixer ce même blâme sur Œdipe. L'enquête tout entière est une chasse au bouc émissaire qui se retourne, en fin de compte, contre celui qui l'a inaugurée. »*

R. Girard, *La Violence et le Sacré*, Grasset, Paris, 1972.

Selon J.-P. Vernant la tragédie de Sophocle, centrée sur le thème de l'énigme et « *elle-même construite en énigme* », soulève le problème de la condition humaine :

« Qu'est donc Œdipe ? Comme son propre discours, comme la parole de l'oracle, Œdipe est double, énigmatique. Du début à la fin du drame il reste psychologiquement et moralement le même : un homme d'action et de décision, au courage que rien ne peut abattre, à l'intelligence conquérante, et auquel on ne peut imputer aucune faute morale, aucun manquement délibéré à la justice. Mais sans qu'il le sache, sans l'avoir voulu ni mérité, ce personnage œdipien se révèle, dans toutes ses dimensions sociale, religieuse, humaine, inverse de ce qu'il apparaît à la tête de la cité. L'étranger corinthien est en réalité natif de Thèbes ; le déchiffreur d'énigmes, une énigme qu'il ne peut déchiffrer ; le justicier, un criminel ; le clairvoyant, un aveugle ; le sauveur de la ville, en perdition. Œdipe, celui qui pour tous est célèbre, le premier des humains, le meilleur des mortels, l'homme du pouvoir, de l'intelligence, des honneurs, de la richesse, se retrouve le dernier, le plus malheureux et le pire des hommes, un criminel, une souillure, objet d'horreur pour ses semblables, haï des dieux, réduit à la mendicité et à l'exil. [...]

Envisagé du point de vue des hommes, Œdipe est le chef clairvoyant, égal aux dieux ; considéré du point de vue des dieux il apparaît aveugle, égal à rien. Le retournement de l'action, comme l'ambiguïté de la langue, marque la duplicité d'une condition humaine qui, sur le mode de l'énigme, prête à deux interprétations opposées. Le langage humain s'inverse quand les dieux parlent à travers lui. La condition humaine s'inverse – si grand, si juste, si heureux qu'on soit – dès lors qu'on la toise à la mesure des dieux. »

J.-P. Vernant, « Ambiguïté et renversement. Sur la structure énigmatique d'*Œdipe Roi* », dans *Œdipe et ses Mythes*, éd. Complexe, 1988.

Plus largement, M. Yourcenar soulève le paradoxe de Sophocle, dont l'œuvre contredit ce que fut sa vie, équilibrée et heureuse :

> *« Cet homme heureux au sens quasi superficiel du terme n'en a pas moins laissé, comme l'a constaté Nietzsche, l'image de la vie la plus sombre que nous ait léguée le drame grec. [...] On a dit que l'âpre présentation d'un monde quasi barbare dans certaines des sept pièces qui nous restent était de sa part une forme très consciente d'archaïsme ; il semble plutôt qu'elle découle d'une vue sans illusions portée sur la condition humaine de son temps et de tous les temps. Il flotte autour de l'inévitable écroulement d'Œdipe, des vaines plaintes de Philoctète trompé par l'hésitant Néoptolème, et du conflit d'Antigone avec la raison d'état, un air d'actualité éternelle. »*
>
> M. Yourcenar, *La Couronne et la Lyre*, Gallimard, 1979.

Œdipe Roi - Œdipe à Colone *de Sophocle, mise en scène de Jean-Paul Roussillon, Comédie-Française, 1972.*

LA GUERRE DU PÉLOPONNÈSE

Les dix années qui précèdent la création d'*Œdipe Roi* sont assombries par la guerre du Péloponnèse. Depuis 431 av. J.-C., Athènes est entrée en conflit avec Sparte. Ces deux puissances rivales, désireuses l'une et l'autre d'étendre leur hégémonie à l'ensemble du monde grec, se livrent un duel sans merci. Très vite, elles entraînent dans leur sillage les cités gravitant dans leur sphère d'influence, si bien qu'au fil des années la guerre se durcit. Malgré sa supériorité maritime et ses alliances en mer Égée, Athènes ne peut empêcher les armées péloponnésiennes de venir ravager régulièrement l'Attique. Plus terrible encore est l'épidémie de peste qui, de 430 à 426, décime la population athénienne. Il se peut d'ailleurs que le motif de la peste, développé dans le prologue d'*Œdipe Roi* et associé à celui de la malédiction divine, ait été inspiré à Sophocle par ces événements. Certains détails coïncident, en effet, avec le témoignage laissé par Thucydide sur ce qui fut un des épisodes les plus noirs de la guerre :

> *« Toute science humaine était inefficace ; en vain on multipliait les supplications dans les temples ; en vain on avait recours aux oracles ou à de semblables pratiques ; tout était inutile ; finalement on y renonça, vaincu par le fléau.* [...] *Ils mouraient pêle-mêle et les cadavres s'entassaient les uns sur les autres ; on les voyait, moribonds, se rouler au milieu des rues et autour de toutes les fontaines pour s'y désaltérer. Les lieux sacrés où ils campaient étaient pleins de cadavres qu'on n'enlevait pas. La violence du mal était telle qu'on ne savait plus que devenir et que l'on perdait tout respect de ce qui est divin et respectable. »*
>
> Thucydide, *Guerre du Péloponnèse,* II, XLVII et II, LII, traduction de J. Voilquin, Garnier-Flammarion, 1966.

L'épidémie affaiblit d'autant plus Athènes qu'elle coûte la vie à Périclès, l'homme de la grandeur athénienne, et laisse la voie libre à un démagogue, Cléon, partisan de la guerre à tout prix. Ce n'est qu'après la mort de celui-ci que les Athéniens, éprouvés par des revers et de lourds sacrifices financiers, peuvent signer une paix temporaire (paix de Nicias en 421). Il n'est pas sûr qu'*Œdipe Roi* ait été représentée au printemps de cette année-là ; on la situe toutefois entre 429 et 421, alors que s'amorce le déclin politique d'Athènes et que, déjà, pèsent les premières menaces sur le maintien du régime démocratique, parvenu à son apogée dans les décennies précédentes.

DÉMOCRATIE CONTRE TYRANNIE

Le ve siècle voit triompher les institutions démocratiques à Athènes. Face aux monarchies orientales, face à sa principale rivale, Sparte, restée fidèle au système oligarchique, Athènes se dote d'un pouvoir politique original, permettant à une large couche de la population – même s'il exclut les femmes, les métèques et les esclaves –, de participer activement à la vie publique. Ce modèle démocratique, reconnu comme l'un des plus beaux apports de l'héllénisme à la civilisation, ne se met toutefois en place qu'après un siècle de luttes et de réformes. Dès la fin du VIIe siècle, une crise grave ébranle le pouvoir des familles aristocratiques qui, jusque-là, se partageaient jalousement les charges annuelles et siégeaient à l'Aréopage. En 564, l'arbitrage de Solon calme momentanément l'affrontement grandissant entre le *démos* (peuple), grossi d'un prolétariat urbain, et la vieille aristocratie guerrière, encore attachée au culte des héros : il protège les petits paysans des abus des puissants en supprimant l'esclavage pour dettes. En 508, Clisthène crée les véritables assises de la démocratie : il répartit la population en dix tribus, représentées chacune par 50 bouleutes au Conseil des Cinq-Cents *(Boulè)*. Cet organe exécutif vient compléter les pouvoirs législatifs et judiciaires de l'assemblée du peuple *(Ecclèsia)*. Un demi-siècle plus tard, Éphialte donne à la *Boulè* et à l'*Héliée* (tribunal populaire) plus de pouvoir encore en leur conférant des fonctions jusque-là réservées à l'Aréopage. Par le biais de ces institutions, le peuple athénien contrôle les magistrats élus par ses soins et exerce sa pleine souveraineté autant sur les affaires intérieures qu'en politique extérieure. Avec Périclès enfin (461 à 429), le processus démocratique est achevé : les bouleutes reçoivent une indemnité journalière, ce qui permet aux plus défavorisés d'accéder à la vie publique. L'isonomie, égalité par la loi et devant la loi, est dès lors pleinement réalisée.

Mais, entre-temps, Athènes, comme bon nombre de cités grecques, a fait l'expérience de la tyrannie. Apparue à Corinthe et à Sicyone dès la fin de l'époque archaïque (VIIe siècle), dans une société en mutation où le peuple se dresse contre l'aristocratie dominante, la tyrannie présentera toujours un caractère paradoxal. Le tyran, issu généralement d'une famille puissante, s'appuie, en effet, sur les masses populaires pour combattre la noblesse, mais, même s'il ne renverse pas les institutions en place, il exerce un pouvoir fort, autoritaire, qu'il cherche à transmettre à ses fils. Populaire dans son origine, la tyrannie finit donc par se confondre avec le despotisme (ce qui explique la connotation péjorative que prendra le mot par la suite) :

« Deux traits apparaissent spécifiques du tyran grec. D'une part, il se pose généralement en défenseur du peuple, des faibles, des opprimés, de tous ceux qui sont tenus à l'écart de la vie de la cité par une oligarchie de naissance ou de fortune... Mais, d'autre part, le tyran grec apparaît à toutes les époques comme un monarque absolu, comme un despote qui s'entoure d'une garde personnelle, vit dans un palais ou une forteresse, aussi loin que possible de ce peuple qu'il prétend aimer et défendre. Et ceux qui font exception, un Pisistrate, un Agathoclès, n'en retiennent pas moins entre leurs mains toute la réalité du pouvoir politique. »
Claude Mossé, *La Tyrannie dans la Grèce antique*, P.U.F., 1969.

D'où des réactions de rejet, des rébellions de la part même du peuple qui avait hissé le tyran au pouvoir. Ce fut le cas à Corinthe, à Mégare mais aussi à Athènes. Si les Athéniens s'accomodèrent assez bien de la tyrannie de Pisistrate (561-527) qui fut assez habile pour enrichir la cité et développer une politique de prestige, ils se soulevèrent en revanche contre le pouvoir abusif exercé par ses deux fils, Hipparque (assassiné en 514) et Hippias (obligé d'abdiquer en 510). Dans les années troubles qui suivirent, les Pisistratides furent franchement honnis, car Hippias tenta de reprendre le pouvoir en s'alliant aux Perses qui, lors des guerres médiques (490-479), mirent en péril l'autonomie de la Grèce.
De cette expérience ambiguë, incompatible avec l'idéal démocratique, les Athéniens gardèrent toujours, dans la suite de leur histoire, un souvenir douloureux. Et pour éviter qu'à l'avenir la souveraineté populaire ne puisse être confisquée par un seul individu, ils condamnèrent à l'ostracisme (bannissement) les personnalités les plus susceptibles d'imposer leurs ambitions. Miltiade et Thémistocle, les héros des guerres médiques, en furent les premières victimes ! Parallèlement à cette chasse au tyran, se développa en littérature un courant de pensée hostile à la tyrannie. C'est le cas par exemple d'Hérodote qui, dans ses *Histoires*, la définit comme *« ce qu'il y a au monde de plus injuste et de plus sanguinaire »* (v. 92), ou bien encore de Thucydide : *« Tous les tyrans des cités grecques n'avaient en vue que leur intérêt personnel, le souci de leur sauvegarde et celui d'accroître tranquillement et le plus possible leur propre maison »* (*Guerre du Péloponnèse*, I, XVII, traduction de Jean Voilquin, Garnier-Flammarion, 1966).
En 421, alors que la tyrannie a été abolie depuis presque un siècle, Sophocle ranime à son tour cette haine latente en mettant en scène un tyran déchu de ses prérogatives et humilié dans son orgueil. Car Œdipe est bien un tyran, et non un roi, contrairement à ce que laisse supposer une traduction

impropre, mais imposée par une longue tradition (le titre grec de la tragédie est *Oidípous Túrannos*). Œdipe concentre tous les traits conventionnels du tyran. Tout d'abord, s'il n'est pas l'héritier légitime du trône, il n'a pas non plus usurpé le pouvoir, il l'a conquis grâce à son prestige personnel. À défaut de la force, c'est son intelligence qui lui a permis de résoudre l'énigme de la Sphinge, de gagner la faveur populaire et d'épouser la veuve du roi. D'autre part, il veille jalousement sur son pouvoir et menace de mettre à mort Créon, qu'il accuse d'un complot. Mais, surtout, on retrouve chez lui le caractère ambivalent du tyran, avec un pôle positif : il se veut le protecteur de son peuple (cf. le prologue), et un pôle négatif : il a une nette tendance à l'orgueil, à la démesure et à la violence. Ces débordements finissent par l'emporter et ils l'entraînent inéluctablement à sa perte. Vénéré presque à l'égal d'un dieu au début de la tragédie, Œdipe n'inspire plus que de la terreur, et il est banni de l'espace civique, rejeté comme une souillure par le peuple qui l'avait accueilli en libérateur. Ainsi se trouvent sanctionnés tous les écarts du tyran par rapport à la norme :

> *« En rejetant toutes les règles qui fondent, aux yeux des Grecs, la vie commune, le tyran se place en hors-jeu social. Il est extérieur au réseau de relations qui unit, suivant des normes précises, le citoyen au citoyen, l'homme à la femme, le père au fils. Il s'écarte, pour le meilleur et pour le pire, de tous les canaux à travers lesquels les individus entrent les uns avec les autres en communication et se constituent en communauté policée. La route, détournée et solitaire, où le tyran s'aventure, au mépris des chemins battus, des itinéraires balisés, l'exile loin de la cité des hommes, avec ses échanges réglés, ses contacts réciproques, dans un isolement comparable aussi bien à celui d'un dieu, trop au-dessus des lois humaines pour accepter de s'y soumettre, qu'à celui d'une bête fauve, trop dominée par ses appétits pour respecter aucun interdit. »*
>
> Jean-Pierre Vernant, *Œdipe et ses Mythes*, « Le tyran boiteux : d'Œdipe à Périandre », éd. Complexe, 1988.

Œdipe Roi montre donc combien, dans l'imaginaire des Grecs du Vᵉ siècle, la tyrannie, incarnée par un personnage de légende cumulant les traits les plus monstrueux (boiterie, parricide, inceste), était assimilée à une forme bâtarde du pouvoir. Comme le chante le chœur, tout l'équilibre de la cité est menacé, sa survie même est en jeu, quand « *la démesure enfante le tyran* » (deuxième stasimon).

LE SANCTUAIRE DE DELPHES

La dimension religieuse d'*Œdipe Roi* est plus immédiatement perceptible que ses enjeux politiques, occultés par l'absence de toute allusion directe à la réalité historique. Les dieux invoqués au cours de la tragédie renvoyaient, en effet, les spectateurs à des croyances et des pratiques de leur vie spirituelle. Non seulement le dieu Apollon occupait dans leur panthéon une place privilégiée, mais le sanctuaire de Delphes, dont le rôle est capital dans la pièce de Sophocle, représentait toujours, au ve siècle av. J.-C., une réalité bien vivante.

C'était en fait le plus grand centre religieux de la Grèce. Les Grecs, et même des étrangers, n'hésitaient pas à entreprendre de longs voyages pour venir y consulter l'oracle d'Apollon. Installé sur les contreforts rocheux du Parnasse et occupé à l'origine par le serpent Python, le sanctuaire reçut très tôt l'appellation de « Pythô la rocheuse ». Après avoir tué le serpent, dont le culte était associé à la terre, Apollon, dieu de lumière, prit possession des lieux et étendit son prestige à l'ensemble de la Grèce. Pendant plusieurs siècles, le sanctuaire fut le témoin de la vie des cités grecques. Celles-ci envoyaient des délégués consulter l'oracle d'Apollon Pythien sur des problèmes d'ordre général (fondations de colonies, guerres, politique intérieure...), mais de simples particuliers s'adressaient aussi à lui sur des questions toutes personnelles. Le temple d'Apollon était rempli d'*ex-voto* offerts par les consultants. Des bâtiments annexes, appelés « trésors », furent même construits grâce à la générosité de certaines cités et d'illustres donateurs. L'oracle du dieu était rendu par l'intermédiaire de la Pythie. Cette prêtresse, assise sur un trépied au-dessus d'une faille rocheuse d'où émanaient des vapeurs, psalmodiait des réponses confuses. Des prêtres les notaient par écrit, mais il était difficile pour les consultants de saisir le sens caché de ces formules ambiguës, souvent incomplètes et imagées. Malgré cela, la crédibilité de l'oracle n'était pas mise en doute. Comment le monde des dieux, image de la perfection, de l'absolu, aurait-il pu être directement accessible aux simples mortels ? Outre son autorité religieuse, le sanctuaire avait la réputation d'entretenir les préceptes de la sagesse populaire. Sur son fronton étaient inscrites les maximes célèbres : *« Connais-toi toi-même »* et *« Rien de trop »*, censées rappeler aux hommes les bornes fixées à la nature humaine. Utile leçon dont le chœur se fait l'écho dans la tragédie de Sophocle ! N'est-ce pas en raison de ses excès, de son manque de clairvoyance sur lui-même qu'Œdipe est si cruellement châtié ?

UN NOM AMBIGU

Le nom du héros ouvre la tragédie. Mais de son nom qui est, dit-il, *« sur toutes les lèvres »*, Œdipe connaît-il la signification ? Celui-là, en effet, résume son destin : Œdipe, dont le nom ressemble à la forme verbale *oida* (« je sais »), et qui a pu par son savoir accéder à la fonction royale en déchiffrant l'énigme de la Sphinge, est aussi « Pied-Enflé », l'exclu, marqué et meurtri dès sa naissance. Quand le messager corinthien révèle à Œdipe qu'il est l'enfant trouvé, il ajoute : *« Tes pieds doivent encore en porter le témoignage »* (vers 1032). Mais son nom contient aussi le mot *dipous* (« qui a deux pieds »). Nous reconnaissons là un des termes et une des clés de l'énigme de la Sphinge. Œdipe est aussi à lui-même une énigme, et son enquête le conduira rapidement à la quête de sa propre identité. Avant de quitter définitivement la scène, Jocaste lui adresse ce dernier souhait : *« Malheureux, puisses-tu ne jamais savoir qui tu es ! »*
L'énigme essentielle de la pièce tient, en effet, à l'identité d'Œdipe. Comme l'écrit Jean-Pierre Vernant : *« Toute la tragédie d'Œdipe est donc comme contenue dans le jeu auquel se prête l'énigme de son nom »* (*Mythe et tragédie en Grèce ancienne*, La Découverte, 1986). « Œdipe » et « Roi » : le rapprochement de ces deux noms surprend. Comment l'homme aux pieds enflés a-t-il pu devenir roi ?

AMBIGUÏTÉ DU DESTIN D'ŒDIPE

Œdipe, à mesure qu'il mène l'enquête, se découvre autre que ce qu'il croyait être. Ainsi sa vraie patrie n'est pas Corinthe, mais Thèbes. Le fameux déchiffreur d'énigme bute sur l'énigme qu'il est à lui-même. Le renversement est total : le roi, en pleine gloire, finit comme un proscrit qui demande à être exclu de la cité. Lui, le justicier, se fait justice ; le roi clairvoyant, à l'intelligence éblouissante, s'aveuglera. Oublieux des oracles, il a joué de sa liberté avec imprudence : la première fois, quand il a quitté précipitamment Corinthe, la seconde, quand il a refusé de céder le passage au carrefour et la troisième, quand il a épousé Jocaste avant de mener l'enquête sur la mort de Laïos. Toute l'ambiguïté du mythe d'Œdipe vient de notre hésitation à conclure à la fatalité ou à la culpabilité du personnage. Si Œdipe agit librement, il est coupable ; si la fatalité pèse sur lui, il n'est pas responsable. Or sa culpabilité n'est pas patente, car Œdipe a agi par ignorance. Certes, il a tué, mais, comme le dit Jacques Scherer, non point son père *« mais un individu rencontré par hasard. Il n'est pas extraordinaire, à cette époque archaïque, qu'une dispute à un carrefour entraîne la mort du plus faible et ce n'est là pour l'opinion publique que péché véniel qui n'est jamais reproché à Œdipe».*

UN LANGAGE AMBIGU, ORACULAIRE

Tout d'abord, le langage ambigu est celui de l'oracle, qui, à cause de son obscurité traditionnelle, peut être interprété de manière totalement opposée et que les hommes ne savent pas interpréter. Cependant l'oracle donné à Laïos et celui donné à Œdipe sont clairs. Ainsi, quand Créon revient de Delphes, il rapporte *«une réponse encourageante»*, mais la phrase suivante tempère l'espoir : *«Les situations les plus critiques, selon moi, trouvent une heureuse issue quand on les redresse.»* Œdipe en l'écoutant ne sait s'il doit être *«pleinement rassuré ou vraiment inquiet»*. Dans le premier stasimon (vers 483 et suivants), le chœur exprime les mêmes hésitations : *«Terrible, terrible est le trouble / Que jette en mon âme l'habile augure / Faut-il le croire ou le contredire?»*
L'ambiguïté du langage vient donc de son caractère oraculaire qui n'appartient pas seulement au langage du dieu ou de Tirésias, mais à celui d'autres personnages comme Jocaste ou Œdipe. W. B. Stanford note qu'*Œdipe Roi*, du point de vue de l'amphibologie, présente un caractère exemplaire. Jean-Pierre Vernant remarque qu'*«aucun genre littéraire n'utilise aussi largement que la tragédie les expressions à double sens et* Œdipe Roi *comporte plus de deux fois autant de formules ambiguës que les autres pièces de Sophocle (cinquante d'après le répertoire qu'en dressait Hug en 1872)» (op. cit.).*
Le spectateur éprouve le sentiment de l'«ironie tragique», car, comme le dieu, délivreur d'oracles, ou son ministre, il possède la connaissance tandis que le héros est l'inconscient jouet de la divinité et prononce des propos dont il ne comprend pas toute la portée. Les phrases à double sens sont particulièrement nombreuses dans la bouche d'Œdipe. Nous nous limiterons à quelques exemples. Ainsi, au début de la pièce, quand Œdipe lance son appel à témoin (vers 215 et suivants) : *«Quiconque parmi vous sait sous les coups de qui Laïos, fils de Labdacos, a trouvé la mort, je lui ordonne de tout me révéler»*, ou encore (vers 138) : *« C'est dans mon propre intérêt que j'éliminerai cette souillure.»*
L'amphibologie devient éminemment tragique quand Œdipe, au vers 246, profère la malédiction à l'égard de l'assassin de Laïos : *«Et je voue l'auteur du crime, qu'il ait agi seul, dans le secret ou avec des complices, à user sa vie contre les pires misères,*

sans aucune part de bonheur. / Sur moi aussi, j'appelle la malédiction. »
Au moment où Œdipe semble le plus rassuré, nous savons qu'il s'égare, car l'oracle n'est pas destiné à être compris, mais à égarer.

AMBIGUÏTÉ DES ATTITUDES

Autre forme de l'ironie tragique : le malentendu créé par l'ambiguïté des attitudes. Œdipe interprète à tort le refus de parler de Tirésias et l'accuse d'être injuste et ingrat envers la cité en lui refusant l'oracle. Dans son entêtement et son *hubris*, il ne voit pas que Tirésias, le devin, cherche à l'épargner. Œdipe alors se déchaîne et accuse Tirésias d'être à l'origine d'un complot. Le prêtre retourne contre Œdipe les ordres qu'il vient de proclamer et dit la vérité qui, à ce moment de la pièce, éblouit Œdipe qui ne peut pas encore comprendre.

RÔLE AMBIGU D'APOLLON

Apollon, absent en tant que personnage, est présent dans les oracles qu'il délivre à Thèbes et par l'intermédiaire de Tirésias. Il est, à la fois, le dieu guérisseur et celui qui inflige un châtiment car, s'il donne le remède pour mettre fin à la peste, on peut penser qu'il en est l'auteur. Son attitude paradoxale est indiquée par Œdipe dans les vers 145-146 : « *Avec le dieu à nos côtés / Soit nous triompherons, soit nous serons précipités à terre.* »
Les différents personnages demandent assistance à Apollon ; même Jocaste s'adresse à lui en le suppliant bien qu'elle ne croie pas aux oracles.

Dans la littérature, les arts et les sciences humaines, ce thème a une durable fortune.

ŒDIPE À COLONE DE SOPHOCLE

Tout d'abord Sophocle écrivit une suite à *Œdipe Roi* dans *Œdipe à Colone*, pièce jouée en 401, cinq ans après la mort du poète. Œdipe devient alors un personnage honorable, il n'est plus le criminel haï des dieux, mais leur protégé. Curieusement, ce personnage, dont la vie a été déterminée par les oracles, prophétise sa propre mort et devient lui-même un oracle.

Œdipe s'exclame : «*Je vais donc, fils d'Égée, t'apprendre quel trésor vous conserverez, toi et ta cité, à l'abri de l'âge et de ses soucis. L'endroit où je dois mourir, je vais t'y mener moi-même sur l'heure, sans qu'aucun guide me tienne la main. Mais toi, ne l'indique à nul autre, ne révèle ni où il se cache, ni où il se trouve, si tu veux qu'un jour je te vaille une aide égale à mille boucliers, voire à une armée de renforts accourue du pays voisin. Mais le pieux mystère que la parole n'a pas le droit de remuer, tu l'apprendras, toi, une fois là-bas.* [...] *Garde-le, toi seul, toujours, et, quand tu atteindras le terme de la vie, confie-le au plus digne, pour que celui-ci à son tour et ainsi de suite, le révèle à son successeur. C'est de cette façon que tu maintiendras ton pays à l'abri des ravages que lui infligeraient les Enfants de la Terre*» (trad. de Paul Mazon, Les Belles Lettres, 1962).

Œdipe choisit de protéger Thèbes contre Argos mais non Thèbes contre Athènes. Il acquiert une grandeur nouvelle dans la seconde partie de la pièce, le héros est racheté. Mais il ne trouve son salut que dans le mystère de la mort.

ŒDIPE DE SÉNÈQUE (4-65 APRÈS J.C)

Sénèque a écrit une tragédie, *Œdipe*, destinée davantage à être lue que jouée. Il ne se saisit que de l'un des deux ressorts psychologiques définis par Aristote, celui de la terreur. On peut noter quelques innovations par rapport à la pièce de Sophocle. Le responsable de la dispute au carrefour est Laïos. C'est au fantôme de Laïos qu'est confiée la révélation de la vérité. Sénèque supprime la confrontation entre Tirésias et Œdipe. La mutilation d'Œdipe provoque l'horreur, et Jocaste se tue sur scène, non pas en se pendant mais en enfonçant l'épée d'Œdipe dans son ventre. La pièce se termine par le départ solitaire d'Œdipe.

On sent chez Sénèque le goût de la description et du détail gratuit qui nuisent au caractère dramatique de la pièce.

ANTIGONE DE ROBERT GARNIER (1545-1580)

Robert Garnier rénove la tragédie humaniste. Il écrit, en 1580, une *Antigone* (2 741 vers). Le personnage d'Œdipe apparaît seulement au premier acte. La tragédie insiste sur la malédiction d'Œdipe avant même sa naissance, ce thème ayant certainement un fort retentissement sur le public à une époque où la question de la prédestination agitait les chrétiens.

ŒDIPE DE PIERRE CORNEILLE (1659)

En 1659, Corneille renoue avec le théâtre en écrivant *Œdipe*. Sans doute cherche-t-il le prestige de rivaliser avec un chef-d'œuvre incontesté. Pour plaire au public, très ébranlé par la Fronde, il gomme tous les éléments angoissants et, pour ne pas choquer *« la délicatesse des dames »*, comme il l'indique dans sa préface, il ne fait pas apparaître Œdipe aveugle. Corneille développe surtout une intrigue sentimentale et politique, celle de Dircé, aimée de Thésée et privée de son trône par son frère Œdipe. De plus, il donne une autre portée à l'aveuglement du personnage dont le sang « précieux » purifie la terre et derrière lequel se profile l'image d'un Christ rédempteur. Enfin Corneille, par le truchement de Thésée, en une longue tirade, développe le thème de la liberté humaine. Œdipe n'est plus victime d'une prédestination, mais, par le châtiment qu'il s'inflige, il assume sa propre liberté. *« La tonalité de la pièce est plus pathétique que tragique, Corneille substitue le drame, la galanterie et la préciosité à la tragédie »* dit Colette Astier (*Le Mythe d'Œdipe*, coll. « U. Prisme », Armand Colin, 1974).

ŒDIPE DE VOLTAIRE (1718)

Voltaire écrit à vingt-quatre ans cette pièce qui fut un triomphe. La pièce fut saluée par Rousseau qui félicita Voltaire d'avoir enlevé à Œdipe deux défauts : l'orgueil et la colère. L'écrivain cherche à rivaliser avec Corneille. Il modifie le schéma de la pièce en y ajoutant une intrigue amoureuse : Jocaste, veuve de Laïos et femme d'Œdipe, est l'amante de Philoctète. Voltaire semble refuser délibérément la trop lourde vérité tragique même s'il accepte le crime de son protagoniste. Mais ses hésitations sur le coupable du meurtre de Laïos diminuent la force de la tragédie. Il ne se prive pas de faire des déclarations antireligieuses. La pièce devient un prétexte où l'auteur livre ses propres préoccupations.

ŒDIPE D'ANDRÉ GIDE (1931)

Gide, dans son drame en trois actes sur Œdipe, transpose la tragédie sur le mode comique. Ce recours au burlesque et à l'anachronisme fait disparaître la grandeur tragique et la généralité mythique du personnage. Ainsi Œdipe déclare-t-il : « *Si mes fils sont aussi mes frères, je ne les aimerai que mieux* » ou encore quand on lui parle du meurtre de Laïos : « *Si je connaissais le cochon qui* [...]. » Gide se sert d'un mythe pour provoquer des dialogues entre les personnages – Œdipe et Créon, Antigone et Ismène – sur des questions morales que l'écrivain s'est posées à un moment ou à un autre de son existence. En bref, c'est une pièce fort peu dramatique.

LA MACHINE INFERNALE DE JEAN COCTEAU (1934)

Il s'agit d'une adaptation poétique de la pièce de Sophocle. Pièce en quatre actes, elle retrace la vie du héros avant son arrivée à Thèbes. Au premier acte, le fantôme de Laïos apparaît sur les remparts de Thèbes, comme celui du vieil Hamlet à Elseneur, mais il ne peut se faire entendre. Au deuxième acte, Œdipe rencontre la Sphinge. La jeune fille amoureuse lui dévoile son secret. Le troisième acte est la « Nuit de Noces », hantée de mauvais rêves, pendant laquelle Œdipe et Jocaste dorment debout. Dans le quatrième acte, Cocteau suit assez fidèlement l'œuvre de Sophocle. Dix-sept ans plus tard, la vérité est révélée à Œdipe qui se frappe les yeux et s'aveugle. Jocaste, qui s'est pendue, lui apparaît pour le guider avec Antigone. Cocteau fait en sorte que « *sa victime tombe de haut* », « *pour que les dieux s'amusent beaucoup* ». Si le poète conserve de Sophocle l'ambivalence tragique, il sait aussi nous amuser en particulier dans le premier acte quand apparaît la capricieuse Jocaste, accompagnée de Tirésias, surnommé « Zizi ». La pièce s'ouvre par cette invitation au spectateur : « *Regarde, spectateur, remontée à bloc, de telle sorte que le ressort se déroule avec lenteur tout au long d'une vie humaine, une des plus parfaites machines construites par les dieux infernaux pour l'anéantissement mathématique d'un mortel* » (Grasset, 1934).

La machine, sans le concours de l'homme, semble insuffisante. Le véritable tragique ne peut se réduire à une simple fatalité, car il n'y a pas de tragique sans collaboration du héros à son destin. De la cocasserie des premières scènes, Cocteau parvient à passer à une certaine gravité au moment du dénouement. On sent le désir de l'auteur de rester, en choisissant ce sujet, dans un registre noble.

«ŒDIPE. *Quel est cet homme?*
CRÉON. *L'homme qui t'a porté blessé et lié sur la montagne d'après les ordres de ta mère. Qu'il avoue.*
LE BERGER. *Parler m'aurait valu la mort. Princes que ne suis-je mort afin de ne pas vivre cette minute.*
ŒDIPE. *De qui suis-je le fils, bonhomme? Frappe, frappe vite.*
LE BERGER. *Hélas!*
ŒDIPE. *Je suis près d'une chose impossible à entendre.*
LE BERGER. *Et moi... d'une chose impossible à dire.*
CRÉON. *Il faut la dire. Je le veux.*
LE BERGER. *Tu es le fils de Jocaste, ta femme, et de Laïos tué par toi au carrefour des trois routes. Inceste et parricide, les dieux te pardonnent.*
ŒDIPE. *J'ai tué celui qu'il ne fallait pas. J'ai épousé celle qui ne fallait pas. J'ai perpétué ce qu'il ne fallait pas. Lumière est faite...*

Il sort.
Créon chasse le berger.

CRÉON. *De quelle lingère, de quelle sœur de lait parlait-il?*
TIRÉSIAS. *Les femmes ne peuvent garder le silence. Jocaste a dû mettre son crime sur le compte d'une de ses servantes pour tâter le terrain.*

Il lui tient le bras et écoute, la tête penchée. Rumeurs sinistres. La petite Antigone, les cheveux épars, apparaît, à la logette.

ANTIGONE. *Mon oncle! Tirésias! Montez vite, vite, c'est épouvantable! J'ai entendu crier dans la chambre; petite mère ne bouge plus, elle est tombée tout de son long et petit père se roule sur elle et il se donne des coups dans les yeux avec sa grosse broche en or. Il y a du sang partout. J'ai peur! J'ai trop peur, montez... montez vite...*

Elle rentre.

CRÉON. *Cette fois, personne ne m'empêchera...*
TIRÉSIAS. *Si! je vous empêcherai. Je vous le dis, Créon, un chef-d'oeuvre d'horreur s'achève. Pas un mot, pas un geste, il serait malhonnête de poser une seule ombre de nous.*
CRÉON. *C'est de la pure folie!*
TIRÉSIAS. *C'est de la pure sagesse... Vous devez admettre...*
CRÉON. *Impossible. Du reste, le pouvoir retombe entre mes mains.*

Au moment où, s'étant dégagé, il s'élance, la porte s'ouvre. Œdipe aveugle apparaît. Antigone s'accroche à sa robe.

TIRÉSIAS. *Halte !*
CRÉON. *Je deviens fou. Pourquoi, pourquoi a-t-il fait cela ? Mieux valait la mort.*
TIRÉSIAS. *Son orgueil ne le trompe pas. Il a voulu être le plus heureux des hommes, maintenant il veut être le plus malheureux.*
ŒDIPE. *Qu'on me chasse, qu'on m'achève qu'on me lapide, qu'on abatte la bête immonde.*
ANTIGONE. *Père !*
ŒDIPE. *Laisse-moi... ne touche pas mes mains, ne m'approche pas.* »

Jean Cocteau, *op. cit.*

LES GOMMES D'ALAIN ROBBE-GRILLET (1953)

Ce premier roman d'Alain Robbe-Grillet qui appartient à l'école du « Nouveau roman », est une parodie de roman policier. Le héros, le détective Wallas, mène l'enquête sur un meurtre, pendant une journée, dans une ville au plan labyrinthique et il devient l'assassin, un nouvel Œdipe, car la victime n'est pas morte. Ce personnage à demi anonyme regagne quelque chose de l'universalité du héros antique. La technique narrative, le parti-pris de rester toujours à l'extérieur du personnage, lui confère un caractère d'exemplarité puisqu'il n'est pas individualisé et qu'il est dépourvu de psychologie.
Bien des éléments du mythe sont présents dans le roman : l'enfant abandonné, le Sphinx, la ville de Thèbes, etc., sous forme d'objets sur lesquels le personnage porte un regard furtif.

« Un goût de fumée traîne au ras du sol. L'enseigne d'un cordonnier ; le mot "Comestibles", en caractères jaunes sur fond brun. Bien que la scène reste déserte, l'impression d'humanité s'accentue progressivement. À la fenêtre d'un rez-de-chaussée, les rideaux s'ornent d'un sujet allégorique de grande série : bergers recueillant un enfant abandonné, ou quelque chose dans ce genre-là. [...] De nouveau des persiennes ouvertes et cette broderie à bon marché : sous un arbre deux bergers en costume antique font boire le lait d'une brebis à un petit enfant nu. »

Alain Robbe-Grillet, *Les Gommes*, Éditions de Minuit, 1953, p. 49-50.

Après le dépérissement du mythe dans le théâtre, celui-ci revit dans le passage au roman. Le mythe survit dans d'autres registres, et les écrivains ont enfin compris que la pièce de Sophocle ne peut être récrite : *« l'histoire d'Œdipe est, des origines à nos jours, celle d'une longue dégénérescence »* (Karl Kerenyi, Préface à *Œdipe*, *Recueil d'œuvres dramatiques sur Œdipe*, traduites en allemand, éditions Langen und Müller, Vienne, 1971).

Œdipe tyran de Sophocle, mise en scène de J.-P. Vincent, théâtre des Amandiers de Nanterre, 1989. Claude Bouchery interprétant Tirésias.

FREUD ET LE COMPLEXE D'ŒDIPE

Aujourd'hui, Œdipe est certainement davantage connu par le complexe du même nom que par la tragédie de Sophocle. Le nom propre est devenu nom commun, et l'on parle de l'œdipe pour désigner le complexe d'Œdipe. L'intérêt renouvelé pour le mythe d'Œdipe s'explique par les découvertes de Freud. La reconnaissance du complexe d'Œdipe est, en effet, un concept fondamental de la psychanalyse, c'est une étape importante dans l'évolution de la conscience, c'est-à-dire de la faculté de se connaître soi-même.
Quel est le sens du mot « complexe » ? Le mot est à prendre dans son sens propre ; le complexe d'Œdipe serait le point central, le nœud de pulsions, le réseau serré des désirs obscurs de l'enfance, amour pour l'un des parents, haine pour l'autre.

Les formes du complexe d'Œdipe

•

Freud, par son expérience clinique, remarque la fréquence du récit du rêve de la mort d'un parent. Or, selon lui, le désir s'accomplit dans le rêve. Freud pense que très tôt l'enfant aurait une attirance vers la personne du sexe opposé et que *« le garçon verrait dans son père et la fille dans sa mère un concurrent qu'il gagnerait à écarter »* (Freud, *La Science des rêves*, 1900, trad. française I. Meyerson, P.U.F., Paris, 1950).
Au complexe d'Œdipe s'oppose l'interdit de l'inceste, interdit d'ordre moral et culturel. Toutefois les désirs œdipiens ne perdurent pas, normalement, et sont assumés. Des névroses ultérieures peuvent s'expliquer par un œdipe mal surmonté.

Œdipe et nous

•

Pourquoi la légende a-t-elle une portée universelle si ce n'est parce qu'elle réveille en nous des pulsions ? Freud écrit dans une lettre du 13 octobre 1897 : *« On comprend l'effet saisissant d'*Œdipe Roi [...]. *La légende grecque a saisi une compulsion que tous reconnaissaient parce que tous l'ont ressentie. »* Nous nous identifions donc à Œdipe. Mais ces impulsions que nous avons refoulées dans notre inconscient, peuvent ressurgir dans notre effroi à la vue de la tragédie : *« Chaque auditeur fut un jour en germe, en imagination, un Œdipe et s'épouvante devant la réalisation de son rêve, transposé dans la réalité, il frémit suivant toute la mesure du refoulement qui sépare son état infantile de son état actuel. »*
Notre propre malaise, *« la peste »* comme disait Freud, nous

pousse à mener l'enquête, à rechercher une trace presque effacée dans notre passé comme Œdipe essaiera de déchiffrer les indices pour retrouver le sien. La quête d'Œdipe ressemble donc au processus d'une analyse. Comme elle, elle est progressive jusqu'à la découverte de la vérité ou la guérison.
Les paroles de Jocaste aux vers 980 et suivants semblent confirmer la thèse de Freud et l'universalité d'Œdipe : *« Bien des hommes ont dans leurs rêves déjà couché avec leur mère. À qui sait ne pas se formaliser de ces visions, l'existence devient très facile. »*

Œdipe sans complexe

•

Ce titre est celui d'un article de Jean-Pierre Vernant qui récuse l'interprétation de Freud. Pour Freud, dit l'historien, *« la tragédie est en tout point comparable à une psychanalyse : en levant le voile qui dissimule à Œdipe son visage de parricide, d'incestueux, elle nous révèle à nous-mêmes »*. Selon Jean-Pierre Vernant, la démonstration de Freud n'en est pas une, car si celui-ci établit une théorie fondée sur son expérience clinique, il cherche une confirmation dans un théâtre dramatique *« interprété par référence à l'univers onirique des spectateurs d'aujourd'hui »*. Un travail inverse, selon J.-P. Vernant, s'imposait, celui d'une étude préalable très précise du texte. La méthode du psychanalyste s'oppose donc à celle de l'historien. J.-P. Vernant réfute aussi les thèses de D. Anzieu, continuateur de Freud, et montre qu'Œdipe, en tuant Laïos sur la route de Delphes ou en épousant Jocaste, n'a jamais conscience de commettre un parricide ou un inceste. Celui-ci essaie d'échapper aux deux interdits fondamentaux. Ainsi quitte-t-il Corinthe et ceux qu'il pensait être ses vrais parents. L'union d'Œdipe avec Jocaste n'est jamais présentée par Sophocle comme une repossession de la mère. D'ailleurs Sophocle gomme les différences d'âge entre les deux personnages. Ainsi est-il clair pour J.-P. Vernant que *« le héros d'Œdipe n'a pas le moindre complexe d'Œdipe »*. Est-ce si évident ?

Œdipe est-il vraiment sans complexe ?

•

La position de J.-P. Vernant paraît discutable. Tout d'abord, nous pouvons remarquer que si Œdipe n'est pas conscient des actes qu'il commet : tuer son père et épouser sa mère, n'est-il pas victime inconsciemment de ses pulsions ? Œdipe ne serait-il pas un névrosé qui n'a pas maîtrisé son œdipe ? De

plus, il a été attiré par une femme d'un certain âge (Jocaste avait attendu longtemps sa naissance) à qui il fait quatre enfants! N'est-ce pas la preuve d'un œdipe mal dominé?
Et André Green, dans son livre *L'Œil en trop, le Complexe d'Œdipe dans la tragédie*, reproche à J.-P. Vernant une analyse trop sociologique : *«Au nom de la psychologie sociologique du marxisme,* [il] *a restreint la portée du mythe à l'état de la société du ve siècle athénien»* (Éditions de minuit, 1969).

AUTRES LECTURES DU MYTHE

Nous retiendrons deux lectures, celle de l'anthropologue Claude Lévi-Strauss et celle du philosophe et historien René Girard.
Dans *Anthropologie structurale* (Plon, 1968), pour expliquer le fonctionnement des mythes, Lévi-Strauss prend comme exemple le mythe d'Œdipe. Il met ainsi en valeur un trait commun aux trois générations de la lignée des Labdacides : un déséquilibre de la démarche, la boiterie; Labdacos, c'est le boiteux, Laïos, le dissymétrique et Œdipe, celui qui a le «pied enflé». J.-P. Vernant reprend ce thème en notant que *«l'énigme de la Sphinge définit l'homme par son mode de locomotion, sa démarche»*. Souvenons-nous du texte de l'énigme (cf. l'argument des Phéniciennes d'Euripide ou Diodore de Sicile : *«Qu'est-ce qui demeurant toujours le même est à deux, trois ou quatre pieds?»*
Colette Astier note la coïncidence d'interprétation entre Freud et Lévi-Strauss qui s'intéressent l'un et l'autre à la boiterie. Celle-ci signifie pour le premier la difficulté d'être fils en même temps qu'époux, père en même temps que frère, et, pour le second, la difficulté de marcher droit est la caractéristique d'un homme né de la terre.
René Girard, dans *Le Bouc émissaire* (Grasset, 1982), propose une interprétation originale du mythe d'Œdipe. Il développe l'idée que tout groupe social, pour rester soudé, a besoin du sacrifice d'un de ses membres. La violence qui est dangereuse, se trouve ainsi canalisée en se manifestant contre un bouc émissaire. L'immolation de la victime permet l'expiation, la purification de la souillure qui rappelle le rite du *pharmakos* que l'on expulsait pour porter bonheur à la cité.

> *«Il s'agit toujours d'épingler la responsabilité du désastre sur un individu particulier, de répondre à la question mythique par excellence : "Qui a commencé?" Œdipe ne réussit pas à fixer le blâme sur Créon et Tirésias, mais Créon et Tirésias réussissent parfaitement à fixer le même blâme sur Œdipe. L'enquête tout*

entière est une chasse au bouc émissaire, qui se retourne, en fin de compte, contre celui qui l'a inaugurée.»

René Girard, *La Violence et le Sacré*, Grasset, Paris, 1972.

La richesse des interprétations souligne la vie du mythe qui continue à faire couler l'encre des critiques.

Œdipe d'André Gide, interprêté et mis en scène par Jean Vilar, théâtre Marigny, 1950.

Cithéron

•

« Laisse-moi me réfugier dans la montagne,
celle si fatalement liée à mon sort,
qu'on appelle Cithéron. » (vers 1452)

« Cithéron, pourquoi m'as-tu accueilli ? Tu aurais dû me saisir et me tuer,
sans attendre ! »
(vers 1391)

• **Dans la pièce** : une tradition locale donne à cette montagne une couleur particulière. On raconte qu'avant d'être une montagne, Cithéron était un homme violent et brutal. Comme Œdipe, il tua son père. Il était également jaloux de son frère, le bon Hélicon. Cithéron tua Hélicon, comme Caïn tua Abel, puis les deux frères furent métamorphosés en montagnes. *« Ainsi, dès avant la naissance d'Œdipe, le Cithéron est le lieu du mal, du meurtre et de la discorde familiale. La prédestination qu'explicitera l'oracle est inscrite dans la géographie »* (Jacques Scherer, *Dramaturgies d'Œdipe*, coll. « Écriture », P.U.F., 1987).
Le nom du Cithéron revient à plusieurs reprises dans la bouche d'Œdipe, dans celle de Tirésias, dans celle du messager corinthien et dans celle du berger. *« Le Cithéron culmine à environ 1400 mètres. Il n'était pas nécessaire pour les parents d'Œdipe voulant abandonner leur enfant de monter jusqu'au sommet. Les premiers contreforts étaient sans doute suffisamment sauvages pour leur dessein »* (*ibid.*).
C'est là que le vieux serviteur de Laïos menait paître ses troupeaux *« ou dans les environs »*, prend-il soin d'ajouter. Le Cithéron est aussi évoqué dans le troisième stasimon (vers 1102) et dans le troisième épisode par le messager corinthien (vers 1026). C'est un lieu sauvage et boisé. Le Cithéron devient un lieu symbolique, signe de douleur : *« Vers quel port n'iras-tu pas crier ta souffrance ? Quel Cithéron n'y fera pas écho ? »*, répond Tirésias à Œdipe (vers 420-421).
Le lieu de l'abandon devient le lieu idéal de l'échange (vers 1134 à 1137) entre le berger thébain et le berger corinthien. Ce dernier est venu rejoindre le premier et il repartira pour Corinthe avec l'enfant. Comme le dit J. Bollack : *« la rencontre ne préfigure pas seulement les deux mouvements du transport d'une cité à l'autre (venue vers elle), mais délimite un terrain propice à la substitution, les troupeaux des deux bergers s'étant réunis durant trois temps de l'année, du printemps à l'automne »* (*L'*Œdipe Roi *de Sophocle*, Presses Universitaires de Lille, 1990).
À la fin du quatrième épisode, *« le vallon reculé »* est l'endroit où Œdipe demande à vivre puisque ses parents le lui destinaient comme tombeau (vers 1451 à 1454). Le Cithéron qu'Œdipe invoquait comme *« sa nourrice et sa mère »* dans le troisième stasimon, est à la fois lieu de naissance et de mort, lieu de passage (de la mort à la vie), lieu frontière entre Thèbes et Corinthe, une sorte de « no man's land ».

Dieux

•

«Je vais vous dire ce qu'a révélé le dieu.» (vers 95)

• **Dans la pièce** : quels dieux sont nommés dans le texte de Sophocle ? Tout d'abord Apollon dont nous avons déjà souligné le rôle ambigu (cf. le parcours thématique), qui s'associe à son père Zeus et qui dispose de ses propres armes, mais aussi du feu destructeur, le sien et celui d'Arès, ainsi que de la foudre paternelle. Zeus est le dieu de la justice qui agit à travers Apollon (cf. vers 470).

Il est question d'une autre triade, celle d'Athéna ou Pallas, entourée d'Apollon et d'Artémis : *«Ceint de couronnes, le reste de la foule s'est installé sur les places de la ville devant le double sanctuaire de Pallas ou bien près de la cendre prophétique d'Isménos»* (vers 21 et suivants).

Les dieux s'acharnent contre des innocents qu'ils prennent soin de prévenir par des oracles. Œdipe ainsi était censé savoir qu'il devait tuer son père et épouser sa mère. Et le héros se précipite dans le sort qu'il cherchait à fuir.

Cependant Sophocle ne se révolte pas contre les dieux même si leur attitude est sans doute incompréhensible. C'est ce que souligne Jacqueline de Romilly :

> *«Sans qu'elle ait plus de raison que n'en avait sa destruction, son héroïsation* (celle d'Œdipe dans Œdipe à Colone) *baigne dans le sacré. Les dieux l'ont abattu : les dieux le sanctifient. Et nul ne connaît les motifs de cette double partialité.»*
>
> J. de Romilly, *La Tragédie grecque*, coll. «Quadrige», P.U.F., 1970.

Sophocle était pieux et respectait les dieux. Le chœur, dans le deuxième stasimon, parle des lois divines qui *«ont pris naissance, engendrée par le seul Olympe»* et *«jamais l'oubli ne jettera sur elles le voile du sommeil, car un dieu puissant est en elles, un dieu éternellenment jeune»* (vers 865 et suivants).

L'homme ne se laisse pas écraser par les dieux, et sa grandeur est dans l'acceptation de son destin.

Enfant exposé

•

«Quant à l'enfant, trois jours ne s'étaient pas écoulés depuis sa
[naissance, Que Laïos lui attacha les chevilles et chargea quelqu'un de
[l'exposer sur une montagne déserte.» (vers 717)

• **Dans la pièce** : ce thème est emprunté au folklore commun. On le retrouve par exemple dans la naissance de Moïse dont les circonstances présentent de grandes ressemblances avec celles de Sargon d'Akkad

(début du XXIIIe siècle avant J.-C.), lui aussi abandonné sur les eaux dans une corbeille de joncs, enduite de bitume.
On peut se demander si Œdipe n'a pas été abandonné non seulement parce qu'il représentait un danger pour son père, selon l'oracle, mais aussi parce qu'il présentait des marques d'anormalité, des pieds enflés. Voici ce que dit à ce propos René Girard :

> « *Tout le monde est d'accord pour définir dans l'enfant une victime précoce, choisie en vertu de marques d'anormalité qui augurent mal de son avenir* [...]. *Le destin fatal promis à l'enfant exposé, c'est de se faire expulser par sa communauté. L'enfant exposé n'est jamais sauvé que temporairement, son destin est tout au plus différé et la conclusion du mythe vérifie l'infaillibilité des signes oraculaires qui le vouaient dès sa plus tendre enfance à la violence collective.* »
>
> René Girard, *Le Bouc émissaire*, Grasset, 1982.

• Rapprochements : Tite-Live, dans son *Histoire de Rome* (livre I, 4 à 7), rapporte la légende selon laquelle les jumeaux fondateurs de Rome, Romulus et Rémus, furent exposés par leur oncle Amulius dans une corbeille abandonnée au Tibre.
Dans leurs contes, les frères Grimm *(Blanche Neige et les sept nains)* et Charles Perrault *(Le Petit Poucet)* développent le thème de l'enfant abandonné que les parents ou leurs substituts vouent à la mort.

Fatalité et responsabilité

•

> « *Le nécessaire accomplissement de ce qu'elle recherche, la divinité le réalisera sans aucune peine.* » (vers 724)

• Dans la pièce : Œdipe agit-il librement ou n'est-il qu'un jouet des dieux ? Telle est la question que la pièce soulève. Apparemment, la fatalité semble dominer le destin d'Œdipe. Tout, en effet, se déroule conformément à l'oracle. Cependant Œdipe paraît agir de son propre chef et librement lorsqu'il quitte Corinthe, qu'il rencontre le vieillard sur la route de Delphes, qu'il épouse Jocaste et qu'il lance l'enquête. Mais les dieux finalement ne tirent-ils pas toutes les ficelles ? C'est ce que pense J.-P. Vernant :

> « *Ce n'est qu'au terme du drame que tout s'éclaircit pour l'agent. Il comprend en subissant ce qu'il croyait avoir lui-même décidé, le sens réel de ce qui s'est trouvé accompli sans qu'il le veuille, ni ne le sache. L'agent n'est pas, dans sa dimension humaine, cause et raison suffisantes de ses actes ; c'est au contraire son action qui, revenant sur lui selon que les dieux en ont souverainement disposé, le découvre à ses propres yeux, lui révèle la vraie nature de ce qu'il est, de ce qu'il fait. Ainsi, Œdipe, sans avoir rien commis de plein gré qui lui soit personnellement imputable du point de vue*

du droit, se retrouve à la fin de l'enquête, qu'en sa passion pour la justice il mène pour le salut de la cité, un criminel, un hors-la-loi, chargé par les dieux de la plus horrible souillure. Mais le poids même de cette faute qu'il lui faut assumer sans l'avoir intentionnellement commise, la dureté d'un châtiment qu'il supporte d'une âme égale sans l'avoir mérité, le haussent au-dessus de la condition humaine, en même temps qu'ils le retranchent de la société des hommes. [...] *Le héros, alors même qu'il se décide par un choix, fait tout le contraire de ce qu'il croyait accomplir.* »

Jean-Pierre Vernant et Pierre Vidal-Naquet, *Mythe et Tragédie en Grèce ancienne*, La Découverte, 1986.

• Rapprochements : dans le théâtre racinien, la fatalité est inexorable. Le personnage racinien, Phèdre par exemple, est déterminé par le destin auquel il ne peut s'opposer.

Hubris

•

« *La démesure enfante le tyran.* » (vers 873)

• Dans la pièce : l'*hubris* signifie la violence, la fougue. Chez Hérodote, elle en est la personnification. Au deuxième stasimon d'Œdipe Roi, le terme est employé à deux reprises par le chœur (vers 873 et 874). C'est par le mot « violence » que J. Bollack traduit le mot grec *hubris*. La violence va perdre Œdipe. Elle s'assortit d'orgueil. Le héros compte sur ses propres forces, ses propres ressources pour découvrir la vérité. Il lance ainsi la machine qu'il ne pourra plus arrêter. Dans le premier épisode, l'*hubris* prend la forme de l'acharnement, de l'entêtement (vers 265 et suivants). « *Et j'irai jusqu'au bout de mes recherches afin de découvrir l'auteur de cet assassinat* », dit Œdipe. Pensons aussi à la violence qu'il manifeste à l'égard de Tirésias et de Créon.
Pendant un temps, il y a coïncidence entre la recherche de sa propre identité et l'intérêt de la cité, mais comme le dit J. Bergeret : « *il apparaît maintenant que la lutte d'Œdipe ne peut plus concorder avec les luttes que doit mener la cité.* » Il définit ainsi l'*hubris* :

> « *C'est la violence personnifiée portée à l'état de démesure, de puissance divine (donc de puissance instinctuelle). Le terme dérive de* uπep *(hyper) qui indique que cette violence dépasse toute mesure dans son expression, mais aussi du point de vue de l'économie psychique, qu'elle dépasse toute possibilité de contention humaine consciente et volontaire. L'*hubris *apparaît chez les auteurs grecs, comme se rapportant tout autant à la violence en général qu'aux violences exercées sur une femme ou sur un enfant, ce qui semble très net dans le cas d'Œdipe (Cithéron, la Sphinge,*

Jocaste, les enfants d'Œdipe) et ne peut être confondu avec la violence découlant de la dynamique érotique.»

J. Bergeret, *La Violence fondamentale, l'inépuisable Œdipe,* Bordas, *1984.*

• **Rapprochements** : Hésiode, dans *Les Travaux et les Jours* (vers 213 et suivants), oppose la démesure à la justice qui triomphe *«quand son heure est venue».* Au vers 238 : *«ceux au contraire qui n'ont à cœur que la funeste démesure et les œuvres méchantes sont réservés à la justice du Cronide, Zeus au vaste regard. Souvent même une ville entière se ressent de la faute d'un seul, qui s'égare et trame le crime»* (trad. Paul Mazon, éd. Belles Lettres, 1960).
Sophocle, dans *Antigone*, dénonce l'*hubris* de Créon qui entend régner en maître absolu et qui réduit l'homme au citoyen.
Dans *La Divine Comédie* de Dante *(L'enfer,* chant XXVI), Ulysse, poussé par l'*hubris*, franchit le détroit de Gibraltar et périt avec ses compagnons, emportés par un tourbillon.

Inceste

•

«Des enfants qui l'entourent, on le découvrira frère et père à la fois; de la femme qui l'a mis au monde, fils et mari.» (vers 457)

• **Dans la pièce** : l'inceste d'Œdipe et de Jocaste rappelle, sous une forme littéraire, la hiérogamie, c'est-à-dire la célébration annuelle du mystère qu'est le mariage rituel entre un dieu et une déesse. Ces relations entre le premier dieu et la première déesse ne pouvaient être qu'incestueuses, pensons à Zeus et Héra, issus tous deux de Cronos. Par ce mariage, ce rite au sens oublié, Œdipe est un héros transformé puisqu'en épousant Jocaste, il obtient la royauté.
Jacques Scherer pense que la tragédie illustre le difficile passage de l'endogamie (mariage à l'intérieur d'une même tribu, d'un même clan) à l'exogamie (mariage intercommunautaire) :

> *«Il* [Œdipe] *a beaucoup voyagé et l'une des fonctions de ses voyages est de le mettre en présence d'une femme étrangère qu'il pourrait épouser. Or, comble de malchance, il rencontre partout, sans les reconnaître, des membres de sa propre famille.* [...] *Les ancêtres lointains d'Œdipe sont endogames et ne pouvaient peut-être même pas former le concept d'inceste. Ils avaient des relations qu'on dira plus tard incestueuses avec une parfaite bonne conscience. Puis, en quelques générations, l'inceste naguère obligatoire est devenu prohibé.»*

J. Scherer, *Dramaturgies d'Œdipe,* coll. «Écriture», P.U.F., 1987.

• **Rapprochements** : le mythe de Thyeste dont le fils Égisthe est né de la propre fille de Thyeste.
Homère, dans l'*Odyssée* (chant X, vers 5 à 9), évoque sans aucune réprobation l'inceste des fils d'Éole qui épousent leurs sœurs.

Peste

•

« *Toutes les forces vives sont atteintes par le mal, et il n'est dans ma pensée aucune arme pour nous défendre.* » (vers 169-170)

• **Dans la pièce** : la pièce s'ouvre sur fond de peste. Sophocle songe certainement à l'épidémie de peste qui avait ravagé Athènes de 430 à 426 (cf. Thucydide, *Guerre du Péloponnèse,* livre II). Mais la peste s'accompagne non seulement d'un cortège de morts et de malades, mais de signes de stérilité. Non seulement la terre ne donne plus de fruit, mais les femmes n'enfantent plus comme si le « crime » d'Œdipe trouvait là son châtiment. Au risque de la maladie s'ajoute celui de la famine. Le temps semble alors suspendu. Œdipe, après avoir reçu la délégation des enfants de Thèbes, va procéder à l'enquête en cherchant à remonter le temps, pour retrouver le meurtrier de Laïos. Ainsi la peste sera-t-elle conjurée, comme l'a promis l'oracle. Cependant, à la fin de la pièce, la question reste posée : l'épidémie a-t-elle cessé ? Jacques Scherer interprète ainsi le silence de Sophocle :

> « *L'allégresse de la santé retrouvée aurait contredit l'horreur tragique induite par le dénouement. Or Œdipe est devenu, à la fin de la pièce, plus intéressant que n'était la cité de Thèbes au début. On peut aller plus loin, dans une attitude de suspicion systématique envers la vérité ou la fausseté cachée derrière le mythe. La peste a-t-elle vraiment pris fin ? Et si tout ne s'était passé que dans la tête d'Œdipe ? Dans un monde objectif, où tout ce qui est dit serait, par hypothèse, vrai, la fin de la peste serait la preuve que les hommes ont bien compris tout ce qui a eu lieu. Or cette preuve n'est pas donnée. Les dieux sont trompeurs, c'est ce que toute la tragédie d'Œdipe n'a cessé d'enseigner. Trompent-ils jusqu'au bout ? Le silence de Sophocle laisse ouverte cette possibilité.* »
>
> J. Scherer, *Dramaturgies d'Œdipe,* coll. « Écriture », P.U.F., 1987.

• **Rapprochements** : on pourra se reporter à l'œuvre d'Homère (*Iliade,* chant I) et à celle d'Hésiode, *Les Travaux et les Jours* : « *Sur eux (ceux qui n'ont à cœur que la funeste démesure), du haut du ciel, le Cronide fait tomber une immense calamité, peste et famine à la fois. Les hommes se meurent, les femmes cessent d'enfanter, les maisons dépérissent par le conseil de Zeus Olympien.* »
Boccace, dans l'introduction du *Décaméron*, composé entre 1349 et

1351, brosse un tableau resté justement célèbre de la peste noire qui sévissait à Florence.
La Fontaine, dans *Les Animaux malades de la peste*, évoque : *« Un mal qui répand la terreur, / Mal que le Ciel en sa fureur / Inventa pour punir les crimes de la terre. »*

Souillure

•

« C'est dans mon propre intérêt que j'éliminerai cette souillure. »
(ŒDIPE, vers 138)

• **Dans la pièce** : la peste s'est abattue sur Thèbes qui se vide de ses habitants. Créon, de retour de Delphes où il a été dépêché pour consulter l'oracle, annonce à Œdipe la volonté d'Apollon, le dieu guérisseur, de chasser du pays la souillure. Le mot grec *miasma* désigne une souillure provenant d'un meurtre non expié et pouvant s'étendre à toute une communauté. Le roi Œdipe va s'employer à découvrir le criminel pour chasser le mal dans l'intérêt des Thébains et dans le sien propre. Il ne s'agit d'abord que d'un régicide et pas encore de parricide ni d'inceste. Œdipe, ayant découvert la nature de la souillure, demande aux Thébains de tenir le coupable à l'écart. Il opte alors pour la peine la plus légère, le bannissement, châtiment qu'il réclamera pour lui. Comme le dit René Girard : *« L'ordre se rétablit ou s'établit par l'entremise de celui qui l'a d'abord troublé. »* Il poursuit : *« Le bouc émissaire n'agit que sur les rapports humains détraqués par la crise, mais il donnera l'impression d'agir également sur les causes extérieures, les pestes, les sécheresses et autres calamités objectives »* (*Le Bouc émissaire*, Grasset, 1982).
J.-P. Vernant rappelle qu'*« il existe à Athènes, comme en d'autres cités grecques, un rite annuel qui vise à expulser périodiquement la souillure accumulée au cours de l'année écoulée. La cérémonie avait lieu le premier jour de la fête des Thargélies. »* Les *pharmakoi* étaient frappés et promenés dans toute la ville pour ensuite être expulsés de la cité. Après l'expulsion, une autre cérémonie avait lieu, en l'honneur d'Apollon pour fêter le renouveau printanier. Œdipe devient à la fin de la pièce un *pharmakos*, l'image inversée du roi, un personnage horrible, haï des dieux. La communauté sera purgée du mal après son départ en exil, c'est du moins la prédiction de l'oracle.
• **Rapprochements** : on se reportera aux œuvres d'Homère (*Odyssée*, chant XIX, 109) et d'Hésiode (*Les Travaux et les Jours*, vers 225 et suivants).

CARTE DE LA GRÈCE

Agenor : père de Cadmos•. Par sa mère Libye, il descend de Zeus•. Il régnait sur Tyr en Phénicie. Lorsque sa fille Europe fut enlevée par Zeus, il envoya ses trois fils à sa recherche. Lors de cette quête qui s'avéra vaine, ceux-ci fondèrent des villes.

Amphitrite : nymphe et compagne de Poséidon. Elle règne sur la mer qui entoure le monde.

Apollon : fils de Zeus et de Léto, frère d'Artémis•. Ses attributions sont multiples : dieu guérisseur, protecteur des troupeaux, dieu de la lumière, des arts et de la divination, c'est aussi un dieu guerrier, capable de répandre la mort de son arc et de ses flèches. Son principal sanctuaire se trouvait à Delphes• : la Pythie y rendait des oracles en son nom.

Arès : fils de Zeus et d'Héra. Violent, avide de sang et de carnage, c'est le dieu de la guerre par excellence. À Thèbes•, une source gardée par son fils (le dragon tué par Cadmos) lui était consacrée.

Artémis : comme Athéna•, elle est la fille de Zeus. Déesse de la chasse, elle hante les bois et les montagnes, armée d'un arc qu'elle dirige aussi bien contre les animaux que contre les hommes. Son sanctuaire le plus célèbre se trouvait à Éphèse, en Asie Mineure.

Athéna : sortie tout armée du front de Zeus, cette déesse guerrière, plutôt farouche, préside aussi aux activités nécessitant intelligence, raison ou ingéniosité : arts, littérature, artisanat.

Bacchus : autre nom de Dionysos. Fils de Jupiter et de Sémélé, c'est le dieu du vin, de l'ivresse et du délire mystique. À Thèbes patrie de sa mère, il avait introduit les Bacchanales, fêtes débridées au cours desquelles les femmes se livraient à toutes sortes d'excès (cf. *Les Bacchantes* d'Euripide).

Cadméens : les Thébains, descendants de Cadmos.

Cadmos : de la Phénicie où régnait son père, il vint en Grèce alors qu'il recherchait sa sœur Europe, enlevée par Zeus. Sur le conseil de l'oracle de Delphes, il fonda Thèbes à l'endroit où s'était couchée une vache portant sur ses flancs une tache blanche en forme de lune. Il ne devint roi de Thèbes qu'après avoir expié le meurtre d'un dragon consacré à Arès•. Il passa la fin de sa vie en Illyrie.

Cithéron : la montagne la plus proche de Thèbes. C'est dans ce lieu sauvage, hanté par les bergers nomades, qu'Œdipe fut confié au berger corinthien.

Corinthe : ville située sur l'isthme qui sépare l'Attique du Péloponnèse. La légende en attribue la fondation à Sisyphe.

Cyllène : c'est dans une grotte de cette montagne d'Arcadie que Maïa mit au monde Hermès, dieu des voyageurs et des bergers.

Daulie : ville de Phocide•.

Délos : île sur laquelle Léto, poursuivie par la jalouse Héra, mit au monde les deux enfants qu'elle avait conçus de Zeus : Artémis et Apollon•.

Delphes : ville de Phocide établie sur une pente de Parnasse•. Dans ce centre religieux célèbre partout en Grèce, on venait consulter l'oracle d'Apollon pythien.

Fortune : c'est la Tychè, la chance divinisée, la bonne étoile qui a permis à Œdipe d'accéder à la royauté.

Hadès : dieu des Enfers. Aussi impitoyable que ses deux frères, Zeus et Poséidon, il règne sur le monde des morts en compagnie de sa femme Perséphone.

Hélicon : ce massif montagneux

de Béotie était le séjour favori des Muses.

Hélios : le soleil divinisé, fils du titan Hypérion. Il est celui qui voit tout, et il se détourne quand des crimes trop atroces risquent de souiller la pureté de son éclat.

Isménos : devin, fils d'Apollon* et de la nymphe Mélia.

Isthme : l'isthme de Corinthe*.

Kérès : Chez Homère, ce sont des génies ailés, d'aspect repoussant et qui, sur le champ de bataille, déchirent les cadavres pour s'abreuver de leur sang. Elles peuvent aussi personnifier la destinée impartie à chaque homme.

Labdacides : non générique désignant les descendants de Labdacos, héritiers légitimes du trône de Thèbes*.

Labdacos : grand-père d'Œdipe. Petit-fils de Cadmos*, il descend par sa mère d'un des hommes nés des dents du dragon tué par Cadmos.

Laïos : père d'Œdipe. Dans une tragédie perdue *(Laïos)*, Eschyle racontait comment le jeune Laïos, réfugié chez Pélops à la suite de troubles politiques, s'était pris de passion pour Chrysippos, le fils de son hôte. Pour punir ces amours contre nature, Pélops aurait maudit Laïos et sa descendance.

Loxias : ce nom signifiant « l'oblique » désigne Apollon, dont les oracles étaient d'une ambiguïté proverbiale.

Lycie : région du sud de l'Asie Mineure.

Ménades : Bacchantes divines. Au son des flûtes et des tambourins, ces femmes en délire dansaient et escortaient Dionysos en parcourant la campagne.

Ménecée : père de Créon et de Jocaste. Il descend d'Échion, un des Spartoi (« hommes semés ») nés tout armés des dents du dragon que Cadmos avait enterrées sur le conseil d'Athéna*.

Mérope : épouse de Polybe*, reine de Corinthe et mère adoptive d'Œdipe.

Olympe : montagne située au nord de la Thessalie. Montagne sacrée par excellence, elle abrite la demeure de Zeus* qui, de ces hauteurs inaccessibles, dirige le monde.

Olympie : ville d'Élide où Zeus avait son plus grand sanctuaire. Au ve s. av. J.-C. on venait y admirer la colossale statue du dieu, en or et en ivoire, sculptée par Phidias.

Pallas : surnom attribué à Athéna, qui signifie « la jeune fille ».

Pan : dieu des bergers et des troupeaux. Doué d'un grand appétit sexuel, cet être cornu, mi-homme mi-bouc, poursuit les nymphes qu'il guette au bord des sources ou à l'ombre des bois.

Parnasse : massif montagneux de Phocide*. La proximité de Delphes* lui conférait un caractère sacré.

Phocide : région montagneuse située au nord-est de la Béotie. Delphes en est la ville la plus importante.

Phoibos : autre nom d'Apollon signifiant « le Brillant ».

Polybe : roi de Corinthe, marié à Mérope* et père adoptif d'Œdipe.

Polydore : fils de Cadmos et d'Harmonie, aïeul d'Œdipe. Une tradition affirme qu'il aurait été dépossédé du pouvoir par son cousin Penthée.

Pythô : autre nom de Delphes, à rattacher à celui du serpent (Python) tué par Apollon.

Soleil : cf. ***Hélios***.

Sphinge : monstre ailé ayant la tête et la poitrine d'une femme, les pattes et la queue d'un lion. Une tradition ancienne, non retenue par Sophocle, en faisait la fille naturelle de Laïos. Une autre tradition prétendait qu'elle avait été envoyée par Héra pour punir Laïos de ses amours coupables pour le jeune Chrysippos. Chez Sophocle, elle est avant tout *« la chanteuse d'énigmes »*. Établie aux portes de la ville, elle dévorait les passants incapables de répondre à ses questions. Vaincue par Œdipe, elle se tua en se précipitant du haut d'un rocher.

Thèbes : ville de Béotie, en Grèce centrale, dont la fondation était attribuée à Cadmos•. C'était une puissante forteresse, avec ses sept portes munies de tours.

Thrace : région située à l'extrémité nord-est de la Grèce. C'est dans ce pays sauvage, habité par des populations guerrières, que séjourne Arès la plupart du temps.

Tirésias : célèbre devin du cycle thébain. Il aurait été aveuglé soit par Pallas, pour l'avoir aperçue nue, soit par Héra, pour avoir révélé à Zeus• le secret du plaisir amoureux chez la femme. Dans l'une et l'autre versions de sa légende, il obtint en compensation le don de prophétie et le privilège de vivre le temps de sept générations humaines.

Zeus : dieu suprême de l'Olympe•. Après avoir détrôné son père, le titan Cronos, il régna en maître absolu sur les hommes et les dieux. C'est avant tout un dieu de la lumière, de la foudre et des éclairs. Mais il est aussi le garant de la justice, des serments, de l'hospitalité et du pouvoir royal.

Œdipe Roi de Carl Orff, d'après Sophocle.
Mise en scène de Gunther Rennert, théâtre Sarah Bernhardt, Paris, 1963.

Acteur : à l'origine la tragédie ne comportait qu'un seul acteur dialoguant avec le chœur, d'où son appellation en grec *hypocritès* (« celui qui donne la réplique »). Au temps de Sophocle, il y avait trois acteurs (les rôles féminins étaient tenus par des hommes). Seul le protagoniste (acteur principal) pouvait briguer le prix d'interprétation.

Agôn : scène conflictuelle où deux personnages s'affrontent dans deux tirades suivies de courtes répliques (v. 380 à 446). Le mot signifie « lutte », « compétition ».

Allégorie : personnification d'une idée, d'une abstraction (ex. la malédiction, v. 418 ; l'espérance, v. 158).

Anacoluthe : rupture ou discontinuité dans la construction d'une phrase (ex. aux vers 1405-1406 : d'un même verbe dépendent un c.o.d. et une prop. sub. interrogative indirecte).

Chœur : groupe de personnes, représentant un personnage collectif, qui chantent, en dansant ou non, les vers de la tragédie et prennent ainsi part à l'action.

Dramatique : qualifie tout ce qui peut faire évoluer l'action (c'est le sens du terme grec *drãma*).

Épisode : *« partie complète de la tragédie qui se trouve entre des chants complets du chœur »* (Aristote, *Poétique*). L'essentiel de l'action dramatique est concentré dans les quatre épisodes d'*Œdipe Roi*.

Exodos : *« partie complète de la tragédie qui n'est pas suivie de chants du chœur »* (Aristote). Elle correspond au dénouement d'une pièce classique. Le chœur quitte l'orchestre et se dirige vers les sorties latérales. Tourné vers les spectateurs, il dégage, dans la dernière réplique, la « moralité » de la pièce.

Homérisme : une traduction ne peut malheureusement pas rendre compte des nombreux emprunts syntaxiques et lexicaux à la langue d'Homère. Mentionnons seulement quelques épithètes homériques (*« Pythô riche d'or »*, v. 152 ; *« aux blancs cheveux »*, v. 182), le goût des comparaisons (ex. v. 56-57, 175 à 177), et la reprise de certains thèmes popularisés par l'épopée homérique (la peste ; la cicatrice ; le devin maltraité ; le guerrier sur son char, v. 803).

Hypallage : déplacement de sens qui consiste à faire porter sur un mot ce qui convient à un autre mot de la phrase (par ex., au vers 3, *« rameaux suppliants »* : *« suppliants »* se rapporte pour le sens aux hommes qui tiennent les rameaux : ou, au vers 184, *« gagnent l'élévation des autels »* pour « les autels élevés »).

Ironie tragique : ce procédé, largement utilisé dans *Œdipe Roi*, consiste à utiliser des paroles à double sens. Il se manifeste de deux façons :

1. Un personnage dupe son interlocuteur ou lui masque une partie de la vérité en employant des formules ambiguës qu'il ne peut comprendre, mais dont le spectateur saisit toute la portée (ex. v. 366-367, 413 à 425, 438).
2. Un personnage, victime de son ignorance ou de la volonté des dieux, prononce des paroles qui se retournent contre lui ou ceux qu'il veut défendre (ex. la malédiction d'Œdipe, ou les propos de Jocaste, v. 710 à 723, dont l'effet s'avère contraire à celui recherché).

Kommos : complainte chantée alternativement par le(s) acteur(s) et le chœur tout entier. Dans *Œdipe Roi*, on trouve ces lamentations au cours du deuxième épisode et de l'exodos*.

Litote : figure de style visant à suggérer une idée ou une réalité désagréable en l'atténuant volontairement (ex., vers 1335 : *« rien de doux »*, vers 1352 : *« mais il n'agit pas pour mon bien »*).

Lyrique : vient du mot « lyre » et désigne une expression plus poétique des sentiments, favorisée par un accompagnement musical.

Métaphore : image introduisant, sans terme de comparaison, une relation d'identité entre deux éléments différents (*« la chambre d'Amphitrite »*, au v. 195, pour suggérer l'océan ; *« la tourmente »*, au v. 23, pour évoquer les malheurs de Thèbes, ou *« les rivages interdits »*, au v. 422, pour désigner Jocaste).

Oxymore : alliance de mots antithétiques, suscitant un effet de surprise (*« perle d'abomination »*, v. 1396 ; *« ce mariage, négation du mariage »*, v. 1214 ; *« vaine abondance »*, v. 874).

Parodos : chant initial, *« premier morceau complet que dit le chœur »* (Aristote). Le mot désigne aussi le passage situé de chaque côté de la scène, par où le chœur faisait son entrée, sur un rythme de marche, avant de prendre place sur l'orchestre.

Pathétique : renvoie à tout ce qu'on éprouve, c'est le domaine des sentiments, de l'émotion (*pathos*). L'expression de la souffrance d'un personnage attire la pitié du chœur et du spectateur.

Péripétie : événement extérieur qui bouleverse la situation des personnages et fait évoluer l'action (ex. la révélation du messager corinthien).

Périphrase : façon détournée, parfois imagée, d'évoquer un être, une chose ou une idée (v. 36 : *« l'intraitable chanteuse »*, et, au v. 507, *« la vierge ailée »* pour désigner la Sphinge).

Prologue : « partie complète de la tragédie qui précède l'arrivée du chœur » (Aristote, *Poétique*). Le prologue correspond à l'exposition d'une tragédie classique.

Reconnaissance : procédé dramatique que l'on trouve aussi bien dans la tragédie que dans la comédie. Aristote le définit comme un *« passage de l'ignorance à la connaissance, amenant un passage ou bien de la haine à l'amitié ou bien de l'amitié à la haine chez les personnages destinés au bonheur ou au malheur. La plus belle reconnaissance est celle qui est accompagnée de péripéties, par exemple celle qu'on a dans* Œdipe », (*Poétique*, 11, 29).

Stasimon : mot à mot « sur place » ; désigne tout chant du chœur autre que la parodos* (prononcée à son entrée en scène) et l'exodos* (qui accompagne sa sortie).

Stichomythie : dialogue très vif, d'une grande tension dramatique : les personnages s'affrontent en de courtes répliques, souvent de vers à vers : v. 356 à 365, 557 à 582, 622 à 630, 1149 à 1177, etc.

Tragique : implique un sentiment d'impuissance à changer le cours des événements. Le personnage lutte en vain, écrasé par des forces qui le dépassent.

SUR *ŒDIPE ROI* ET LA TRAGÉDIE

Colette Astier, *Le Mythe d'Œdipe*, coll. « U Prisme », Armand Colin, 1974.
Jean Bergeret, *La Violence fondamentale*, Bordas, 1984.
Jean Bollack, L'Œdipe Roi *de Sophocle*, Cahiers de philologie, Presses Universitaires de Lille, 1990 (4 tomes). Il faut rendre hommage au remarquable travail de traduction et de commentaires de Jean Bollack.
René Girard, *Le Bouc émissaire*, Grasset et Fasquelle, 1982.
André Green, *Un œil en trop, le complexe d'Œdipe dans la tragédie*, éditions de Minuit, 1969.
Georges Hoffmann, *Sophocle,* Œdipe Roi, Coll. « Études littéraires », P.U.F., 1990.
Jacqueline de Romilly, *La Tragédie grecque*, coll. « Quadrige », P.U.F., 1970.
Jacques Scherer, *Dramaturgies d'Œdipe*, coll. « Écriture », P.U.F., 1987.
Georges Steiner, *La Mort de la tragédie*, coll. « Folio essais », Gallimard, 1961.
Jean-Pierre Vernant et Pierre Vidal-Naquet, *Mythe et Tragédie en Grèce ancienne*, La Découverte, 1986.

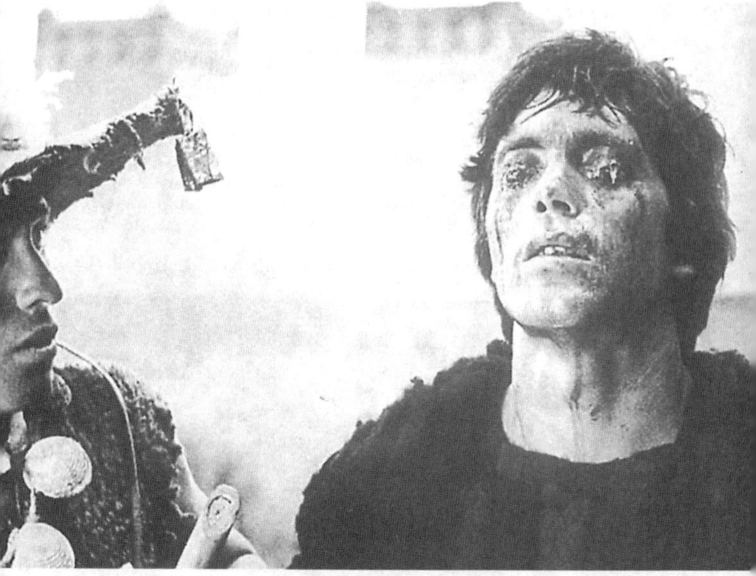

Œdipe Roi *de Pier Paolo Pasolini, 1968.*
Franco Citti dans le rôle d'Œdipe.

CINÉMA

Œdipe Roi, de Pier Paolo Pasolini, 1967.

ICONOGRAPHIE

Couvercle d'un sarcophage antique représentant les épisodes de la vie d'Œdipe (musée du Vatican).
Œdipe et le Sphinx, scène célèbre sur une coupe attique (musée du Vatican).
Œdipe aveuglé, sur une urne étrusque à Florence.
Groupes statuaires de Chaudet et Lecomte (musée du Louvre).
Œdipe explique l'énigme au Sphinx de J.-B. Ingres (1808, musée du Louvre).
Même sujet par Gustave Moreau (Metropolitan Museum, New York).

LITTÉRATURE

Outre les œuvres déjà mentionnées dans cet ouvrage, il faut signaler :
Œdipe, œuvre mineure du grand écrivain et polémiste anglais John Dryden (1670).
Œdipe chez Admète de Jean-François Ducis (1778).
Œdipe Roi, traduction en allemand par Friedrich Hölderlin, assortie de *Remarques sur Œdipe et Antigone* (1804).
Œdipe et le Sphinx de Hugo von Hofmannsthal (1905).
Œdipe ou le roi boiteux de Jean Anouilh (1944).

MUSIQUE

Œdipus Rex, oratorio d'Igor Stravinski sur un livret de Jean Cocteau, traduit en latin par Jean Daniélou (1927).
Œdipe, tragédie lyrique du compositeur d'origine roumaine Georges Enesco, sur un livret d'Edmond Fleg, créée à l'opéra de Paris en 1936.
Œdipe le Tyran, œuvre du compositeur allemand Carl Orff (1959) d'après la traduction de F. Hölderlin.

Achevé d'imprimer en France par la Nouvelle Imprimerie Laballery – 58500 Clamecy
Dépôt légal : octobre 2016 - Collection n° 65 - Edition n° 04 - N° d'impression : 609384
16/7081/8

La Nouvelle Imprimerie Laballery est titulaire de la marque Imprim'Vert®